1000 schnelle Tasten
für Windows und Office

Verlag:
BILDNER Verlag GmbH
Bahnhofstraße 8
94032 Passau

http://www.bildner-verlag.de
info@bildner-verlag.de

Tel.: +49 851-6700
Fax: +49 851-6624

ISBN:978-3-8328-0289-9

Covergestaltung: Andreas Zintzsch
Lektorat und Satz: Anja Schmid
Autorin: Marion Fischl
Herausgeber: Christian Bildner

Bildnachweis Cover: © undrey - Fotolia.com
Kapitelbilder in dieser Reihenfolge: © vege - fotolia.com, @vege - Fotolia.com, © blende11.photo - Fotolia.com, © Wolfilser - Fotolia.com, © vege - Fotolia.com, © peshkov - fotolia.com, © everything-possible - Fotolia.com, © raven - Fotolia.com

© 2017 BILDNER Verlag GmbH Passau
Die Informationen in diesen Unterlagen werden ohne Rücksicht auf einen eventuellen Patentschutz veröffentlicht. Warennamen werden ohne Gewährleistung der freien Verwendbarkeit benutzt. Bei der Zusammenstellung von Texten und Abbildungen wurde mit größter Sorgfalt vorgegangen. Trotzdem konnen Fehler nicht vollständig ausgeschlossen werden. Verlag, Herausgeber und Autoren können für fehlerhafte Angaben und deren Folgen weder eine juristische Verantwortung noch irgendeine Haftung übernehmen. Für Verbesserungsvorschläge und Hinweise auf Fehler sind Verlag und Herausgeber dankbar.
Fast alle Hard- und Softwarebezeichnungen und Markennamen der jeweiligen Firmen, die in diesem Buch erwähnt werden, können auch ohne besondere Kennzeichnung warenzeichen-, marken- oder patentrechtlichem Schutz unterliegen.
Das Werk einschließlich aller Teile ist urheberrechtlich geschützt. Es gelten die Lizenzbestimmungen der BILDNER-Verlag GmbH Passau.

Vorwort

Computer sind aus den heutigen Alltag nicht mehr wegzudenken. Um diese Technik sinnvoll zu nutzen, reicht es nicht die einzelnen Anwendungen zu kennen, sondern diese auch schnell und sicher zu bedienen. Dabei helfen Ihnen Tastenkombinationen.

An wen wendet sich dieses Buch?

Wenn Sie regelmäßig mit Windows und den Office Anwendungen arbeiten, wissen Sie, dass Sie bestimmte Befehle immer wieder benötigen. Dabei über die Maus die Menüs zu benutzen kostet Zeit. Einfacher geht es mit Tastenkombinationen (engl. Shortcuts), die bestimmte Befehle ausführen. Dabei bleiben die Hände auf der Tastatur und die weitere Eingabe kann schnell wieder aufgenommen werden.

Windows und Office bieten eine große Bandbreite an Shortcuts, jedoch kennen viele Benutzer nur einen Bruchteil der Möglichkeiten. Dieses Buch hilft Ihnen dabei, die passenden Tastenkombinationen für Ihre Arbeit zu finden.

Über dieses Buch

In diesem Buch sind die Tastenkombinationen nach Anwendungen geordnet. Innerhalb der einzelnen Kapitel wurden diese dann nach Bearbeitungsschwerpunkten gegliedert, um Ihnen die Benutzung zu erleichtern. Darüber hinaus steht Ihnen ein Index zum schnellen Auffinden des benötigten Tastenkürzels zur Verfügung.

Im Kapitel Office erfahren Sie, wie Sie eigene Tastenkombinationen festlegen und so das Arbeiten am PC für Sie komfortabler gestalten.

Neben allgemeinen Hinweisen zur Verwendung dieses Buches finden Sie nachfolgend Informationen zu den Tastenbezeichnungen. Manche Tasten sind unter verschiedenen Namen bekannt. Damit Sie wissen, welche Taste Sie drücken müssen, werden hier alle Bezeichnungen aufgelistet.

Wichtige Hinweise zum Gebrauch

- Die Tastenkürzel gelten für die Windows-Versionen Windows 10, Windows 8 und Windows 7, sowie für Office 2016, Office 2013 und Office 2010. Viele der Tastaturbefehle sind versionsunabhängig.

- Wenn Sie hinter einer Tastenkombination die Zeichen ❿, ❽ und/ oder ❼ finden, zeigt das, für welche Windows Version diese Tastenkombination gilt, also für Windows 10, 8 oder 7. Fehlen diese, so ist der Shortcut für alle drei Versionen gültig.

- Die Bezeichnungen O10, O13 und O16 beziehen sich auf die Office Versionen 2010, 2013 und 2016, für die die jeweiligen Shortcuts gelten. Finden Sie keinen Hinweis, so gilt die Tastenkombination für alle drei Versionen.

- Tasten, die Sie gleichzeitig drücken müssen, sind durch ein + gekennzeichnet.

- Für einige Tastenkombinationen benötigen Sie einen **Ziffernblock**, der auf vielen Notebook-Tastaturen fehlt. In diesem Fall müssen Sie leider auf die Verwendung dieses Shortcuts verzichten. Microsoft verwendet für den Ziffernblock die Bezeichnung **Zehnertastatur**.

- Auf der anderen Seite gibt es Tasten, die sowohl auf dem Ziffernblock als auch im Hauptteil der Tastatur zu finden sind, von denen aber die Version auf dem Ziffernblock für die angegebene Kombination nicht funktioniert. Sie sind mit dem Kürzel **(n.Z.)** gekennzeichnet.

- **Schreibweise:** Befehle, Bezeichnungen von Schaltflächen und Beschriftungen von Dialogfenstern sind zur besseren Unterscheidung farbig und kursiv hervorgehoben, zum Beispiel Register *Ansicht*, Schaltfläche *Kopieren*.

Tastenbezeichnungen

- Die **Eingabetaste** ⏎ ist auch als **Enter-** oder **Return-taste** bekannt. Damit beginnen Sie in Textdokumenten eine neue Zeile.

- Mit ← → ↑ ↓ sind die **Pfeiltasten** gemeint. Mit ihnen bewegen Sie normalerweise den Cursor in Dokumenten nach links und rechts bzw. nach oben und unten.

- Die **Rücktaste** ⌫ wird auch als **Backspace-**, **Rück-schritt-**, **Lösch-** oder **Korrekturtaste** bezeichnet. Mit ihr löschen Sie in Dokumenten einzelne Zeichen. Sie befindet sich über der Eingabetaste.

- Synonyme Begriffe für die **Umschalttaste** ⇧ sind auch **Hochstell-** und **Shift-Taste**. Mit ihr werden Buchstaben großgeschrieben. Diese Taste ist auf der Tastatur zweimal vorhanden, jeweils links und rechts außen auf Höhe der untersten Buchstabenreihe.

- Die **Leertaste** ⎵ kennt man auch als **Space-Taste**. Man verwendet sie, um zwischen Wörtern ein Leerzeichen zu setzen.

- Mit ⊞ ist die **Windowstaste** gemeint. Diese kann verschieden aussehen, je nach Tastatur. Die Vierecke in diesem Symbol können gerade oder geschwungen sein.

Da manche Tastaturen auch eine englische Beschriftung aufweisen, hier eine kleine Übersicht:

- dt. STRG (Steuerung) [Strg] = engl. CTRL (Control)
- dt. EINFG (Einfügen) [Einfg] = engl. INS (Insert)
- dt. ENTF (Entfernen) [Entf] = engl. DEL (Delete)

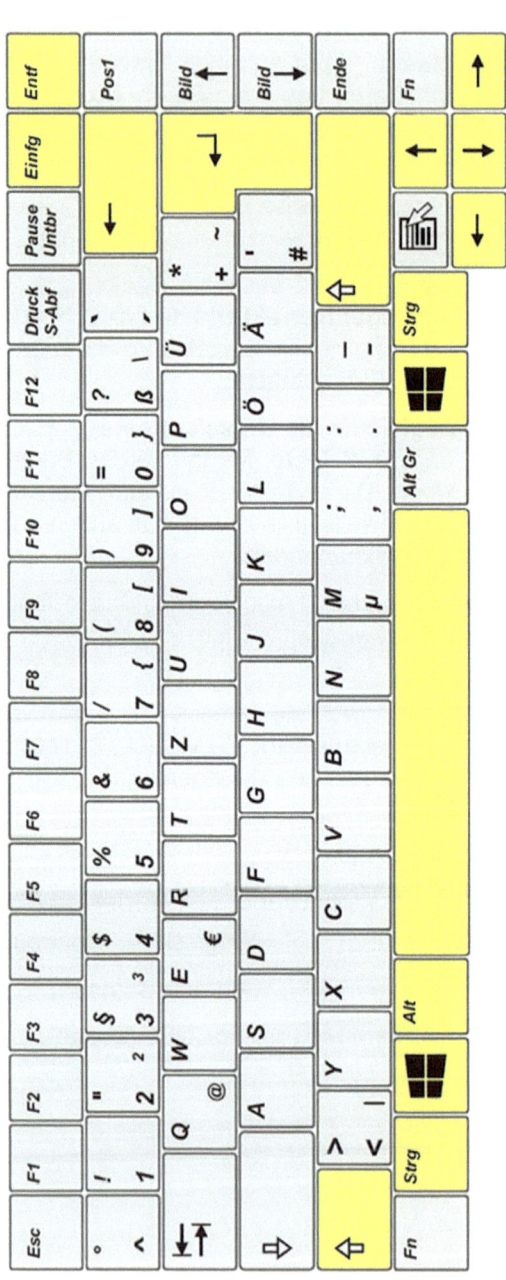

Inhalt

1 Windows 13

    1.1   Allgemein 14

    1.2   Kopieren, löschen, Aktion rückgängig machen 16

    1.3   Taskleiste und Fenster 16

    1.4   Datei-Explorer 18

    1.5   Dialogfenster 19

    1.6   Tasten im Textmodus 20

    1.7   Bildschirmlupe 20

    1.8   Windows-Hilfe für Windows 7 21

2 Für alle Office Programme 23

    2.1   Tastenkombinationen anpassen 24

    2.2   KeyTips anzeigen und verwenden 25

    2.3   Dokumente verwalten 26

    2.4   Allgemein 26

    2.5   Suchen 27

    2.6   Positionieren und Navigieren im Dokument 28

3 Microsoft Word 29

3.1	Dokument	30
3.2	Im Dokument navigieren	30
3.3	Markieren	31
3.4	Kopieren, Aktion zurücknehmen und löschen	32
3.5	Schriftformatierung	33
3.6	Absatzformatierung	34
3.7	Allgemein	35
3.8	Verschiedene Seitenansichten	36
3.9	Tabelle	36
3.10	Zeichen und Symbole	37
3.11	Formatvorlage zuweisen	39
3.12	Inhaltsverzeichnis, Fußnoten und Kopfzeilen	39
3.13	In der Gliederungsansicht arbeiten	39
3.14	Suchen und Ersetzen	40
3.15	Überprüfen	40
3.16	Arbeiten mit Feldern	40
3.17	Übersicht Funktionstasten	41
3.18	Kombinationen von Alt + Funktionstaste	42
3.19	Kombinationen von Strg + Funktionstaste	42
3.20	Kombinationen von Umschalt + Funktionstaste ...	43
3.21	Kombinationen Alt + Umschalt + Funktionstaste ..	43

4 Microsoft Excel 45

4.1 Allgemein..46

4.2 Arbeitsmappen verwalten 47

4.3 Daten eingeben..47

4.4 Navigieren im Tabellenblatt....................................49

4.5 Markieren...50

4.6 Zusammenhängende Tabellenbereiche 52

4.7 Zellen mit bestimmten Eigenschaften auswählen ..53

4.8 Zellinhalte verschieben und kopieren.....................54

4.9 Zellen formatieren 54

4.10 Formeln und Formeleingabe 55

4.11 Diagramme...56

4.12 Sonstige / VBA 57

5 Microsoft PowerPoint............................. 59

5.1 Allgemein..60

5.2 Arbeitsoberfläche 60

5.3 Präsentation erstellen..61

5.4 Tabelle 62

5.5 In der Gliederungsansicht arbeiten 63

5.6 Bildschirmpräsentation steuern 63

6 Microsoft Outlook 65

6.1 Zwischen den Outlook-Modulen wechseln 66

6.2 Erstellen von Elementen 66

6.3 Allgemeine Befehle 67

6.4 Textformatierung 68

6.5 Befehle zur Suche von Elementen 68

6.6 Arbeiten im Modul E-Mail 69

6.7 Arbeiten im Modul Kalender 71

6.8 Arbeiten im Modul Kontakte / Personen 73

6.9 Arbeiten im Modul Aufgaben 74

6.10 Ansicht 75

6.11 Ansicht Visiten- bzw. Adresskarten 76

7 OneNote 77

7.1 Bearbeiten 78

7.2 Elemente einfügen 79

7.3 Randnotizen und Seiten 80

7.4 Formatierung und Markierung 81

7.5 Gliederung 81

7.6 Abschnitte und Notizbücher 82

7.7 Kategorien 82

7.8 Suchen 83

7.9 Freigeben 83

8 Windows Standard-Apps 85

8.1 Word Pad 86
Allgemein 86
Formatierungen 86
Sonstige 87

8.2 Rechner 88
Allgemein 88
Schaltflächen 88
Berechnungsverlauf 89
Im wissenschaftlichen Modus 90
Im Programmiermodus 91
Im Statistikmodus 92

8.3 Paint 93
Bearbeiten 93
Sonstige 94

8.4 Windows Media Player 94
Wiedergabe 94
Ansicht 95
Wiedergabelisten 96

8.5 Microsoft Egde 97
Allgemein 97

Index 99

12 Inhaltsverzeichnis

1 Windows
Versionen 10, 8 und 7

1.1 Allgemein

Öffnen oder Schließen des Startmenüs ❼ ❿ Startseite anzeigen bzw. Desktop anzeigen ❽	[Strg] + [Esc] ❼ ❿ oder [⊞]
Öffnen des Datei-Explorers	[⊞] + [E]
Öffnen des Dialogfelds Ausführen	[⊞] + [R]
Basisinformationen für den Computer anzeigen	[⊞] + [Pause]
Cortana öffnen um eine Frage zu stellen ❿ oder Charms-Leiste einblenden ❽	[⊞] + [C]
Taskmanager anzeigen	[Strg] + [⇧] + [Esc]
Aufrufen der Übersicht für: Computer sperren, Benutzer wechseln, Taskmanager aufrufen etc.	[Strg] + [Alt] + [Entf]
Sperren des Computers oder Wechseln des Benutzers	[⊞] + [L]
Öffnen des Centers für erleichterte Bedienung	[⊞] + [U]
Größe von Desktopsymbolen ändern	[Strg] + Mausrad
In geöffneten Menü einer Anwendung: Befehl, zu dem der Buchstabe gehört, wird ausgeführt	unterstrichener Buchstabe
Entsprechende Menü, zu dem der Buchstabe gehört, wird angezeigt	[Alt] + unterstrichener Buchstabe
Nächstes Menü markieren oder öffnen (rechts vom aktuellen Menü bzw. Untermenü wird geöffnet)	[→]
Nächstes Menü markieren oder öffnen (links vom aktuellen Menü bzw. Untermenü wird geschlossen)	[←]
Zwischen geöffneten Elementen wechseln	[Alt] + [⇆]
Zwischen Elementen umschalten (in der Reihenfolge, in der sie geöffnet wurden)	[Alt] + [Esc]
Zwischen Bildschirmelementen auf dem Desktop/ in einem Fenster umschalten	[F6]
Menü des aktuellen Kombinationsfeldes öffnen (statt Dropdown-Pfeil)	[Alt] + [↓]

Tastenkombinationen

Auswahl in einem Menü	⬇ bzw. ⬆
Auswahl übernehmen	⏎
Eigenschaften für das markierte Element anzeigen	Alt + ⏎
Kontextmenü öffnen (für das aktive Fenster)	Alt + ␣
Mehrere Elemente markieren (in einem Dokument/Fenster/auf dem Desktop)	⇧ + Pfeiltaste
Alle Elemente markieren (in einem Dokument/Fenster/auf dem Desktop)	Strg + A
Suche öffnen	F3
Suchen nach einer Datei oder Ordner ❽ ❼	⊞ + F
Programm beenden oder aktives Element schließen	Alt + F4
Wenn mehrere Dokumente in einem Programm geöffnet sind: Schließen des aktiven Dokuments	Strg + F4
Aktives Fenster aktualisieren (z.B. Datei-Explorer, Browser)	F5
Abbrechen einer Aktion, Dialogfenster ausblenden	Esc
Eingabesprache wechseln (wenn mehrere aktiviert sind) (Hinweis: Verwenden Sie die linke Alt-Taste)	Alt + ⇧
Tastaturlayout ändern (wenn mehrere aktiviert sind) ❿ ❽ (In Windows 7: Automatische Anpassung des Tastaturlayouts bei Änderung der Eingabesprache)	⊞ + ␣
Hilfe aufrufen ❽ ❼. Öffnet auch eine Trefferliste im Browser Microsoft Edge mit Hilfe zu Windows 10 ❿	F1
Computer für die Verwendung mehrerer Monitore / Projektor einrichten	⊞ + P
Verschieben eines Fensters von einem Monitor an einen anderen Monitor	⊞ + ⇧ + ⬅ oder ➡
Suchen nach Computern (nur mgl., wenn sich der Computer in einem Netzwerk befindet)	Strg + ⊞ + F

1.2 Kopieren, löschen, Aktion rückgängig machen

Kopieren des markierten Textes oder Objekts	`Strg` + `C`
Ausschneiden des markierten Textes oder Objekts	`Strg` + `X`
Einfügen aus Zwischenablage (Text oder Objekt)	`Strg` + `V`
Markiertes Element löschen (Ordner, Datei etc.) (wird in den Papierkorb verschoben, wenn sich das Element auf dem lokalen Rechner befindet)	`Strg` + `D` (oder einfach `Entf`)
Markiertes Element endgültig löschen; Ordner/Datei wird nicht in den Papierkorb verschoben	`⇧` + `Entf`
Rückgängigmachen der letzten Aktion	`Strg` + `Z`
Wiederholen der letzten Aktion	`Strg` + `Y`

1.3 Taskleiste und Fenster

Auswahl eines angehefteten Programms auf der Taskleiste; mehrmaliges Drücken von `T` wechselt zwischen Programmen; `↵` öffnet das ausgewählte Programm	`⊞` + `T` und `↵`
Öffnen eines angehefteten Programms als Administrator	`Strg` + `⇧` + Klicken auf Programm
Das angeheftete Programm ist bereits geöffnet, z.B. WordPad; es soll ein weiteres WordPad-Dokument in einem zweiten Fenster geöffnet werden.	`⇧` + Anklicken des angehefteten Programmsymbols
Mehrere geöffnete Fenster eines Programms sind auf der Taskleiste gruppiert. Mit dem Kürzel zeigen Sie die geöffneten Fenster nacheinander an.	`Strg` + Klicken auf ein Programmsymbol
Anzeigen des Fenstermenüs für ein angeheftetes Programmsymbol	`⇧` + Rechtsklick auf Symbol
Anzeigen des Fenstermenüs für eine gruppierte Taskleistenschaltfläche	`⇧` + Rechtsklick auf Schaltfläche
Anzeige und Auswahl der geöffneten Programme; Tab mehrmals drücken zum Wechseln und beim gewünschten Programm Tasten loslassen	`Alt` + `⇆`

Tastenkombinationen

Anzeige der Taskansicht ❿ (Übersicht aller geöffneten Programme), mit den Pfeiltasten wählen Sie das gewünschte Programm aus, mit Eingabe bestätigen Sie die Anzeige	⊞ + ⇄ Pfeiltasten + ↵
Anzeige der App-Liste zur Auswahl von Apps bzw. Desktop ❽	⊞ + ⇄
Umschalten zwischen Programmen auf der Taskleiste mit Hilfe von Aero-Flip ❼, drücken von Tab wechselt zwischen den Programmen	⊞ + ⇄ (mehrmals)
Minimieren aller Fenster	⊞ + M
Minimierte Fenster wieder anzeigen	⊞ + ⇧ + M
Minimieren aller Fenster mit Ausnahme des aktiven Fensters	⊞ + Pos 1
Aktives Fenster wird an den linken bzw. rechten Bildschirmrand geschoben	⊞ + ← bzw. →
Anzeigen des Desktops	⊞ + D
Maximieren des aktiven Fensters	⊞ + ↑
Aktives Fenster verkleinert anzeigen; nochmaliges Drücken minimiert das Fenster	⊞ + ↓
Vergrößern des Fensters auf vertikales (nicht horizontales) Maximum	⊞ + ⇧ + ↑

Öffnen von angehefteten Programmen auf der Taskleiste

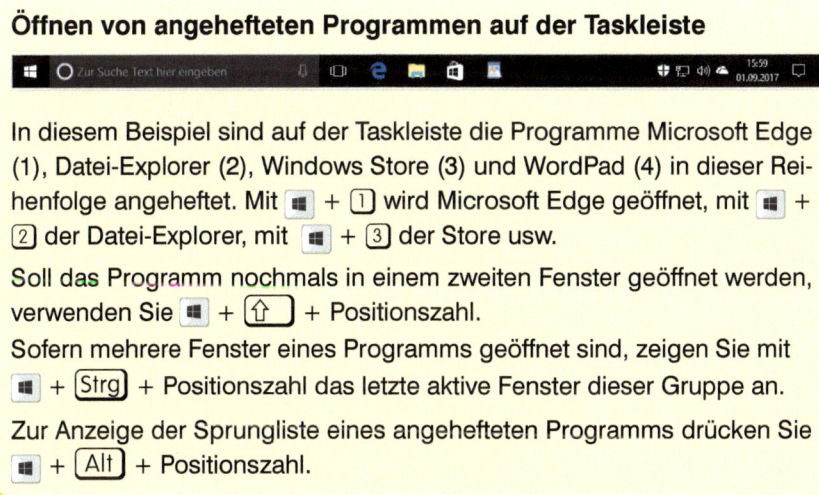

In diesem Beispiel sind auf der Taskleiste die Programme Microsoft Edge (1), Datei-Explorer (2), Windows Store (3) und WordPad (4) in dieser Reihenfolge angeheftet. Mit ⊞ + 1 wird Microsoft Edge geöffnet, mit ⊞ + 2 der Datei-Explorer, mit ⊞ + 3 der Store usw.

Soll das Programm nochmals in einem zweiten Fenster geöffnet werden, verwenden Sie ⊞ + ⇧ + Positionszahl.

Sofern mehrere Fenster eines Programms geöffnet sind, zeigen Sie mit ⊞ + Strg + Positionszahl das letzte aktive Fenster dieser Gruppe an.

Zur Anzeige der Sprungliste eines angehefteten Programms drücken Sie ⊞ + Alt + Positionszahl.

1.4 Datei-Explorer

Explorer öffnen	⊞ + E
Öffnen eines weiteren Fensters	Strg + N
Schließen des Fensters	Strg + W oder Alt + F4
Maximieren bzw. ursprüngliche Größe des Fensters wieder herstellen	F11
Einblenden des Vorschaufensters rechts im Explorer	Alt + P
Menüleiste im aktiven Fenster einblenden ❼	F10
Menüband erweitern bzw. minimieren ❽ ❿	Strg + F1
Menü Datei wird geöffnet	Alt + D
Auswählen des Suchfelds	Strg + F oder E oder F3
Adressleiste: Liste der letzten Speicherorte einblenden	F4
Bildlaufleiste an den Anfang bzw. Ende setzen	Pos 1 bzw. Ende
Ansicht ändern (ggf. Inhaltsbereich anklicken)	Strg + Mausrad
Erstellen eines neuen Ordners	Strg + ⇧ + N
Markierte(n) Ordner / Datei umbenennen	F2
Kontextmenü des ausgewählten Objekts anzeigen	⇧ + F10
Dialogfenster Eigenschaften des markierten Elements (Datei, Ordner) öffnen	Alt + ↵
Die weiteren Kürzel beziehen sich auf den Navigationsbereich des Explorers	
Markierten Ordner erweitern bzw. reduzieren (Unterordner anzeigen bzw. ausblenden)	Ziffernblock: Num + + bzw. -

Tastenkombinationen 19

Reduzieren der angezeigten Unterordner des ausgewählten Ordners	`←`
Anzeige der Unterordner des ausgewählten Ordners (wenn reduziert)	`→`
Anzeigen/Ausblenden des vorherigen Ordners	`Alt` + `←`
Anzeigen des nächsten Ordners	`Alt` + `→`
Anzeigen des übergeordneten Ordners	`Alt` + `↑`

1.5 Dialogfenster

Bewegen durch Registerkarten (vorwärts bzw. rückwärts)	`Strg` + `Tab` bzw. `Strg` + `⇧` + `Tab`
Bewegen durch Optionen, Eingabefelder bzw. Auswahl von Schaltflächen (vorwärts bzw. rückwärts)	`Tab` bzw. `⇧` + `Tab`
Aktivieren/Deaktivieren von Kontrollkästchen (wenn diese ausgewählt sind)	`           `
Auswählen einer Schaltfläche (wenn diese Option für eine Gruppe von Schaltflächen aktiv ist)	Pfeiltaste
Befehl der aktiven Schaltfläche ausführen	`↵`
Dropdownliste öffnen (wenn sie ausgewählt ist)	`Alt` + `↓` (2. Mal drücken schließt sie)
Eine Option aus einer Dropdownliste auswählen	den ersten Buchstaben einer Option drücken
Schließen der Dropdownliste bzw. Abbruch des Befehls bzw. Schließen des Dialogfensters	`Esc`
Anzeigen der Elemente in der aktiven Liste	`F4`

1.6 Tasten im Textmodus

Cursor wortweise nach links (rechts) bewegen	Strg + ←/→
Zeichen links (rechts) vom Cursor markieren bzw. Markierung entfernen	⇧ + ← ⇧ + →
Wort markieren/markieren aufheben (links vom Cursor)	Strg + ⇧ + ←
Wort markieren/markieren aufheben (rechts vom Cursor)	Strg + ⇧ + →
Zum Anfang bzw. Ende eines Eintrags	Pos1 bzw. Ende
Von der aktuellen Cursorposition bis zum Beginn bzw. Ende eines Eintrags markieren	⇧ + Pos1 bzw. Ende

1.7 Bildschirmlupe

Bildschirmlupe starten	⊞ + +
Wechseln in den Vollbildmodus	Strg + Alt + F
Wechseln in den Lupenmodus	Strg + Alt + L
Vergrößern	⊞ + +
Verkleinern	⊞ + -
Farbumkehr aktivieren und deaktivieren	Strg + Alt + I
Schwenken in Richtung der Pfeiltasten	Strg + Alt + Pfeiltasten
Beenden der Bildschirmlupe	⊞ + Esc

1.8 Windows-Hilfe für Windows 7

Anzeige der Hilfe	`F1`
Inhaltsverzeichnis anzeigen	`Alt` + `C`
Menü Verbindungsoptionen anzeigen	`Alt` + `N`
Menü Optionen anzeigen	`F10`
Zurückbewegen zum vorher angezeigten Thema	`Alt` + `←`
Vorwärtsbewegen zum nächsten Thema	`Alt` + `→`
Wechseln zum Anfang eines Themas	`Pos 1`
Wechseln zum Ende eines Themas	`Ende`
Suchen im aktuellen Thema	`Strg` + `F`
Drucken eines Themas	`Strg` + `P`
Verschieben des Cursors in das Suchfeld	`F3`

Notizen

2 Für alle Office Programme

2.1 Tastenkombinationen anpassen

In den Office Anwendungen können Sie Tastenkombinationen Ihren Bedürfnissen anpassen. Sie können einem Befehl, einer Formatierung, einem Makro etc. eine spezielle, für Sie passende Kombination zuordnen, um so noch schneller häufig verwendete Befehle zu nutzen. Ebenso können Tastenkombinationen entfernt werden. So gehen Sie dabei vor:

1 Öffnen Sie die Registerkarte *Datei* und wählen Sie *Optionen*. Es erscheint das Dialogfeld X-*Optionen* (je nachdem, in welcher Anwendung Sie dies machen, heißt das Dialogfeld anders: In Word z.B. sehen Sie den Titel *Word-Optionen*).

2 Wählen Sie im Dialogfeld links die Kategorie *Menüband anpassen*.

3 Wählen Sie oben links bei *Befehle auswählen* die Option *Alle Befehle*.

4 Klicken Sie unten links auf das Feld *Tastenkombinationen: Anpassen*. Es öffnet sich das Dialogfeld *Tastatur anpassen*.

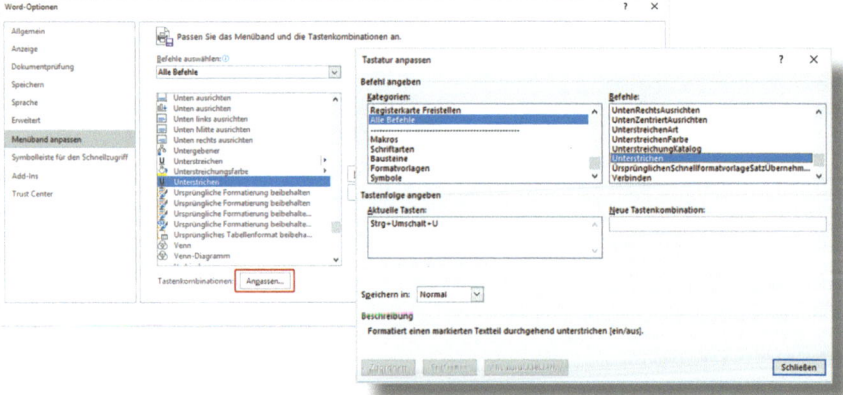

5 Wählen Sie links im Menü *Kategorie* die Option *Alle Befehle*. (Da diese Auswahl alle Befehle beinhaltet, ist sie sehr lang. Wenn Sie wissen, in welcher Kategorie der von Ihnen gesuchte Befehl ist, dann können Sie die Liste auch einschränken, indem Sie eine andere Kategorie wählen).

6 Rechts sehen Sie nun alle Befehle. Wählen Sie denjenigen, den Sie ändern möchten, und klicken Sie darauf. Im Feld *Aktuelle Tasten* können Sie sehen, welche Tastenkombination diesem Befehl zugeordnet ist (bleibt das Feld leer, sind noch keine Tasten zugeordnet). Sie können unter *Beschreibung* sehen, welche Aktion mit diesem Befehl ausgeführt wird.

7 Gehen Sie mit dem Cursor in das Feld *Neue Tastenkombinationen* und drücken Sie dann auf Ihrer Tastatur diejenigen Tasten zusammen, die

Sie verwenden wollen. Die Tastenkombination wird automatisch in dem Feld angezeigt.

8   Klicken Sie dann auf den Befehl *Zuordnen*. Dem Befehl ist nun diese Tastenkombination zugeordnet.

9   Wenn Sie alle Änderungen vorgenommen haben, klicken Sie auf den Befehl *Schließen*.

Sie können eine Tastenkombination auch entfernen. So geht's:

1   Wie oben in den Schritten 1 bis 5 beschrieben, öffnen Sie die passenden Dialogfelder. Wählen Sie den Befehl, dessen Kombination Sie entfernen wollen.

2   Markieren Sie die Tastenkombination dieses Befehls im Feld *Aktuelle Tasten*. Klicken Sie auf den Befehl *Entfernen*.

3   Nun können Sie dem Befehl eine neue Tastenkombination zuweisen (siehe Beschreibung oben) oder es so belassen. Das bedeutet, dass diesem Befehl keine Tastenkombination zugewiesen ist. In beiden Fällen müssen Sie nun auf *Zuordnen* klicken, um die Änderung zu übernehmen.

4   Wenn Sie alle Änderungen vorgenommen haben, klicken Sie auf den Befehl *Schließen*.

2.2 KeyTips anzeigen und verwenden

Als Alternative zur Maus können die Register und Befehlsschaltflächen auch über die Tastatur aufgerufen werden. Nach dem Drücken der Alt-Taste zeigt das Menüband zunächst die Tasten an, mit denen Sie die Register aufrufen.

Nach dem Drücken einer Taste, beispielsweise „R" für das Register *START*, erscheinen die Tasten zu den Schaltflächen der Registerkarte. Drücken Sie beispielsweise die „3", um markierten Text zu unterstreichen, bzw. um ein Auswahlfeld mit den Möglichkeiten zur Unterstreichung zu öffnen. Mit dem Aufruf eines Befehls oder Drücken der ESC-Taste verschwindet die Tastenanzeige wieder.

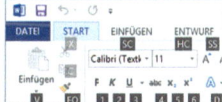

2.3 Dokumente verwalten

Neues Dokument	Strg + N
Dokument öffnen	Strg + O
Dokument speichern	Strg + S
Dokument schließen	Strg + W oder Strg + F4
Dokument drucken (Dialogfenster *Drucken*)	Strg + P
Seitenansicht, bzw. Druckvorschau (2003)	Strg + F2
Anwendung beenden / Fenster schließen	Alt + F4
Fenster maximieren, bzw. Wiederherstellen der vorherigen Größe	Strg + F10

2.4 Allgemein

Kopieren des markierten Textes oder Objekts	Strg + C
Ausschneiden des markierten Textes oder Objekts	Strg + X
Einfügen aus Zwischenablage (Text oder Objekt)	Strg + V
Markiertes Objekt, z. B. Grafiken, Formen, duplizieren; dupliziertes Objekt wird sofort eingefügt; funktioniert nicht in Excel	Strg + D
Rückgängigmachen der letzten Aktion	Strg + Z
Wiederholen der letzten Aktion	Strg + Y
Markierte Auswahl fett formatieren	Strg + ⇧ + F
Markierte Auswahl kursiv formatieren	Strg + ⇧ + K
Markierte Auswahl unterstreichen	Strg + ⇧ + U
Einfügen Zeilenumbruch, kein Absatzende	⇧ + ↵

Wort links von der Einfügemarke löschen	Strg + ⬅
Wort rechts von der Einfügemarke löschen	Strg + Entf
Menüband erweitern bzw. minimieren	Strg + F1

Die Office-Zwischenablage anzeigen
Bei geöffneter Office-Zwischenablage können dort bis zu 24 Elemente gespeichert und in Word, Excel, PowerPoint etc. eingefügt werden. Schnell öffnen Sie die Zwischenablage, wenn Sie ein Wort markieren und zweimal Strg + C drücken. Falls das nicht klappt, müssen Sie die Funktionalität erst aktivieren. Öffnen Sie dazu im Register *Start*, Gruppe *Zwischenablage* durch Anklicken des Gruppensymbols den Aufgabenbereich *Office-Zwischenablage*. Hier klicken Sie unten auf *Optionen* und wählen *Office-Zwischenablage anzeigen, wenn Strg + C zweimal gedrückt wurde*.

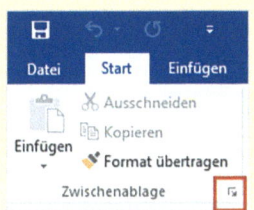 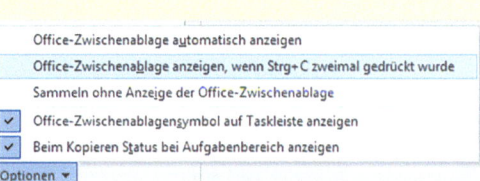

2.5 Suchen

Befehl *Suchen* im Dialogfeld Suchen und Ersetzen	Strg + F
Befehl *Gehen zu* im Dialogfeld Suchen und Ersetzen	Strg + G
Befehl *Ersetzen* im Dialogfeld Suchen und Ersetzen	Strg + H

Tipp
Wenn Sie in einem Text viele doppelte Leerzeichen zwischen einzelnen Worten finden, entfernen Sie diese auf einen Schlag mit Strg + H. Geben Sie dazu in das Feld *Suchen nach:* zwei Leerzeichen und in das Feld *Ersetzen durch:* ein Leerzeichen ein. Klicken Sie dann auf *Alle ersetzen*.

2.6 Positionieren und Navigieren im Dokument

Verschieben der Einfügemarke	Pfeiltasten ← → ↑ ↓
Ein Zeichen nach links	←
Ein Zeichen nach rechts	→
Ein Wort nach links	Strg + ←
Ein Wort nach rechts	Strg + →
Einen Absatz nach oben	Strg + ↑
Einen Absatz nach unten	Strg + ↓
Eine Zeile nach oben	↑
Eine Zeile nach unten	↓
An das Zeilenende	Ende
An den Zeilenanfang	Pos 1
An den oberen Rand des Fensters	Alt + Strg + Bild ↑
An den unteren Rand des Fensters	Alt + Strg + Bild ↓
Eine Bildschirmseite aufwärts (Bildlauf)	Bild ↑
Eine Bildschirmseite abwärts (Bildlauf)	Bild ↓
An den Anfang der nächsten Seite	Strg + Bild ↓
An den Anfang der vorherigen Seite	Strg + Bild ↑
An das Ende des Dokuments	Strg + Ende
An den Anfang des Dokuments	Strg + Pos 1
Nach dem Öffnen eines Dokuments zur zuletzt bearbeiteten Stelle navigieren; Verwendung direkt nach dem Öffnen	⇧ + F5

3 Microsoft Word

3.1 Dokument

Öffnen eines Dokumentes	Strg + O
Erstellen eines neuen Dokuments	Strg + N
Schließen eines Dokuments	Strg + W
Speichern eines Dokuments	Strg + S
Anzeigen des Dialogfeldes Speichern unter	F12
Drucken eines Dokuments	Strg + P

3.2 Im Dokument navigieren

Verschieben der Einfügemarke	Pfeiltasten ← → ↑ ↓
Ein Zeichen nach links	←
Ein Zeichen nach rechts	→
Ein Wort nach links	Strg + ←
Ein Wort nach rechts	Strg + →
Einen Absatz nach oben	Strg + ↑
Einen Absatz nach unten	Strg + ↓
Eine Zeile nach oben	↑
Eine Zeile nach unten	↓
An das Zeilenende	Ende
An den Zeilenanfang	Pos 1
An den oberen Rand des Fensters	Alt + Strg + Bild ↑
An den unteren Rand des Fensters	Alt + Strg + Bild ↓

Eine Bildschirmseite aufwärts (Bildlauf)	[Bild ↑]
Eine Bildschirmseite abwärts (Bildlauf)	[Bild ↓]
An den Anfang der nächsten Seite	[Strg] + [Bild ↓]
An den Anfang der vorherigen Seite	[Strg] + [Bild ↑]
An das Ende des Dokuments	[Strg] + [Ende]
An den Anfang des Dokuments	[Strg] + [Pos 1]
Nach dem Öffnen eines Dokuments zur zuletzt bearbeiteten Stelle navigieren	[⇧] + [F5]

3.3 Markieren

Zeichenweise nach rechts bzw. nach links markieren	[⇧] + [→] [⇧] + [←]
Wortweise nach rechts bzw. nach links	[Strg] + [⇧] + [→] bzw. [←]
Ab Cursor bis zum Beginn der Zeile	[⇧] + [Pos 1]
Ab Cursor bis zum Ende des Zeile	[⇧] + [Ende]
Ab Cursor bis zum Anfang des Absatzes	[Strg] + [⇧] + [↑]
Ab Cursor bis zum Ende des Absatzes	[Strg] + [⇧] + [↓]
Ab Cursor bis zum Anfang des Dokuments	[Strg] + [⇧] + [Pos 1]
Ab Cursor bis zum Ende des Dokuments	[Strg] + [⇧] + [Ende]
Gesamtes Dokument	[Strg] + [A]
Markieren im Erweiterungsmodus	
Erweiterungsmodus aktivieren	[F8]

Erweiterungsmodus deaktivieren	[Esc]
Wort markieren	[F8] (1-mal)
Satz markieren	[F8] (2-mal)
Absatz markieren	[F8] (3-mal)
Alles markieren	[F8] (4-mal)
Nächstes Wort	[Strg] + [→]
Einen Absatz nach unten	[Strg] + [↓]
Einen Absatz nach oben	[Strg] + [↑]
Eine Bildschirmseite nach unten	[Strg] + [Bild ↓]
Eine Bildschirmseite nach unten	[Strg] + [Bild ↑]
Bis zum Ende des Fensters	[Alt] + [Strg] + [⇧] + [Bild ↓]
Verkleinern der markierten Auswahl (schrittweise)	[⇧] + [F8]
Vertikalen Textblock markieren	[Strg] + [⇧] + [F8], dann Pfeiltasten verwenden

3.4 Kopieren, Aktion zurücknehmen und löschen

Kopieren des markierten Textes oder Objekts	[Strg] + [C]
Ausschneiden des markierten Textes oder Objekts	[Strg] + [X]
Einfügen aus Zwischenablage (Text oder Objekt)	[Strg] + [V]
Markiertes Objekt, z. B. Grafiken, Formen, duplizieren; dupliziertes Objekt wird sofort eingefügt	[Strg] + [D]
Rückgängigmachen der letzten Aktion	[Strg] + [Z]

Wiederholen der letzten Aktion	Strg + Y
Zeichen links vom Cursor löschen	⌫
Zeichen rechts vom Cursor löschen	Entf
Wort links vom Cursor löschen	Strg + ⌫
Wort rechts vom Cursor löschen	Strg + Entf

3.5 Schriftformatierung

Öffnen des Dialogfelds Schriftart	Strg + D oder Strg + ⇧ + A
Vergrößern des Schriftgrads um 1 Punkt	Strg + 9
Verkleinern des Schriftgrads um 1 Punkt	Strg + 8
Vergrößern des Schriftgrads	Strg + ⇧ + <
Verkleinern des Schriftgrads	Strg + <
Groß-/Kleinschreibung ändern (mehrere Varianten möglich durch mehrmaliges Verwenden der Kombination)	⇧ + F3
Als Großbuchstaben formatieren (alle Buchstaben im markierten Bereich werden zu Großbuchstaben)	Strg + ⇧ + G
Kapitälchen	Strg + ⇧ + Q
Zuweisen der Formatierung Fett	Strg + ⇧ + F
Zuweisen der Formatierung Kursiv	Strg + ⇧ + K
Zuweisen der Formatierung Unterstrichen	Strg + ⇧ + U
Unterstreichen nur von Wörtern (keine Leerzeichen)	Strg + ⇧ + W
Doppelt Unterstreichen (auch Leerzeichen werden unterstrichen)	Strg + ⇧ + D

Zuweisen der Formatierung Ausgeblendet	`Strg` + `⇧` + `H`
Tiefgestellt (automatischer Abstand)	`Strg` + `#`
Hochgestellt (automatischer Abstand)	`Strg` + `+`
Für den markierten Text die Schriftart Symbol festlegen	`Strg` + `⇧` + `B`
Formatierung löschen	`Strg` + `␣`
Formatvorlage Standard zuweisen	`Strg` + `⇧` + `N`
Textformatierung kopieren (Format übertragen)	`Strg` + `⇧` + `C`
Kopiertes Format dem markierten Text zuweisen	`Strg` + `⇧` + `V`

> Zum Einfügen eines kopierten oder ausgeschnittenen Textes ohne Formatierung gibt es leider keine Tastenkombination. Sie können aber einen KeyTip verwenden: `Alt` + `R` + `V` + `T`

3.6 Absatzformatierung

Einfacher Zeilenabstand	`Strg` + `1`
Doppelter Zeilenabstand	`Strg` + `2`
1,5-facher Zeilenabstand	`Strg` + `5`
Hinzufügen / Entfernen eines Abstand Vor 12 pt	`Strg` + `0` (Null)
Linksbündig ausrichten	`Strg` + `L`
Rechtsbündig ausrichten	`Strg` + `R`
Im Blocksatz ausrichten	`Strg` + `B`
Zentriert ausrichten	`Strg` + `E`
Aufzählungszeichen einfügen	`Strg` + `⇧` + `L`

Tastenkombinationen

Linken Einzug vergrößern (jeweils 1,25 cm)	Strg + M
Linken Einzug verkleinern (jeweils 1,25 cm)	Strg + ⇧ + M
Hängenden Einzug vergrößern	Strg + T
Hängenden Einzug verkleinern	Strg + ⇧ + T
Alle Absatzformatierungen entfernen	Strg + Q
Überschriften, die mit den Formatvorlage Überschrift 1 bis Überschrift 9 formatiert sind, können höher bzw. niedriger gestuft werden	Alt + ⇧ + ← (höher) Alt + ⇧ + → (niedriger)
Ausgewählten Absatz nach oben bzw. unten bewegen	Alt + ⇧ + ↑ bzw. ↓
Überarbeiten der Textformatierung (rechts wird *Formatierung anzeigen* geöffnet)	⇧ + F1

3.7 Allgemein

Einfügen Absatzende	↵
Einfügen Zeilenumbruch, kein Absatzende	⇧ + ↵
Einfügen Seitenumbruch	Strg + ↵
Einfügen Spaltenumbruch	Strg + ⇧ + ↵
Ein- bzw. Ausblenden druckbarer Zeichen; Achtung verwenden Sie nicht das Plus auf dem Ziffernblock	Strg + ⇧ + +
Einfügen Datum; aktualisiert automatisch	Alt + ⇧ + D
Einfügen Seitenzahl	Alt + ⇧ + P
Einfügen eines Tabstoppzeichens; nützlich in Tabellen	Strg + ⇥
Einfügen eines Hyperlinks (Dialogfenster *Link einfügen* wird angezeigt)	Strg + K
Einfügen eines Seriendruckfeldes	Alt + ⇧ + F

Schnellbaustein erstellen; Text bzw. Objekt müssen vorher markiert werden	Alt + F3
Navigationsbereich anzeigen	Strg + F
Rechtschreibprüfung starten	F7
Wörter zählen	Strg + ⇧ + I

3.8 Verschiedene Seitenansichten

Wechseln zur Ansicht Seitenlayout	Alt + Strg + L
Wechseln zur Gliederungsansicht	Alt + Strg + G
Wechseln zur Entwurfsansicht	Alt + Strg + N
Wechseln zur Druckvorschau	Alt + Strg + I
Teilen des Dokumentfensters bzw. Aufheben	Alt + Strg + S

3.9 Tabelle

Wechsel zur nächste bzw. vorherigen Zelle in Zeile	⇥ bzw ⇧ + ⇥
Erweitern der Markierung auf angrenzende Zellen	⇧ gedrückt halten und wiederholt Pfeiltasten drücken
Nächste Zeile	↓
Vorherige Zeile	↑
Erste Zelle in Zeile	Alt + Pos 1
Letzte Zelle in Zeile	Alt + Ende
Erste Zelle in Spalte	Alt + Bild ↑

Tastenkombinationen 37

Letzte Zelle in Spalte	`Alt` + `Bild ↓`
Zeile oberhalb markieren	`Alt` + `⇧` + `↑`
Zeile unterhalb markieren	`Alt` + `⇧` + `↓`
Neuer Absatz in Zelle	`↵`
Teilen der Tabelle	`Strg` + `⇧` + `↵`
Wenn der Cursor am Ende der Tabelle ist (letzte Zelle in letzter Spalte): Einfügen einer neuen Zeile	`⇥`
Markieren der gesamten Tabelle	`Alt` + `5` (Ziffernblock)

> **Tabstopps in eine Tabelle einfügen**
> Mit der Tab-Taste springen Sie innerhalb einer Tabelle von Zelle zu Zelle bzw. fügen Sie eine neue Zeile am Ende der Tabelle hinzu. Zum Erstellen eines einheitlichen Abstands in einer Tabellenzelle kann jetzt die Tab-Taste nicht verwendet werden. Hier hilft die Tastenkombination `Strg` + `⇥`.

3.10 Zeichen und Symbole

Gedankenstrich	`Strg` + `-` Minus auf dem Ziffernblock
Geviertstrich	`Alt` + `Strg` + `-` Minus auf dem Ziffernblock
Bedingter Trennstrich	`Strg` + (Bindestrich)
Geschützter Trennstrich	`Strg` + `⇧` + (Bindestrich)
Geschütztes Leerzeichen	`Strg` + `⇧` + `␣`
Copyright-Symbol	`Alt` + `Strg` + `C`

Symbol für eingetragene Marke	Alt + Strg + R
Markensymbol	Alt + Strg + T
Auslassungspunkte	Alt + Strg + . Punkt
Einzelnes öffnendes Anführungszeichen (Beginn eines Worts)	⇧ + ' Apostroph
Einzelnes schließendes Anführungszeichen (Ende eines Worts)	⇧ + ' Apostroph
Doppelte öffnende Anführungszeichen	⇧ + ' 2-mal drücken
Doppelte schließende Anführungszeichen	Strg + ' 2-mal drücken

Weitere Tastenkombinationen für Symbole

Symbole werden in Word im Register *Einfügen*, Gruppe *Symbole* über die Schaltfläche *Symbol* eingefügt. Über *Weitere Symbole* gelangen Sie zur Gesamtübersicht. Wenn Sie ein Symbol oder einen Buchstaben häufig benötigen, verwenden Sie entweder die angegebenen Tastenkombination, z. B. für das spanische ñ die Kombination Alt + 0241, dabei tippen Sie die Zahlen auf dem Ziffernblock. Wem dies zu umständlich ist, legt durch Anklicken der Schaltfläche *Tastenkombination* eine eigene fest.

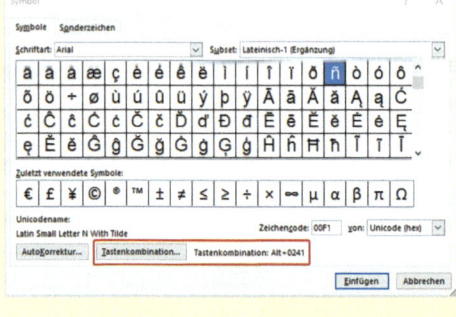

3.11 Formatvorlage zuweisen

Öffnen des Fensters *Formatvorlagen*	Alt + Strg + ⇧ + S
Öffnen des Fensters *Formatvorlage übernehmen*	Strg + ⇧ + S
Formatvorlage Standard zuweisen	Strg + ⇧ + N
Formatvorlage Überschrift 1 zuweisen	Alt + 1 (n.Z.)
Formatvorlage Überschrift 2 zuweisen	Alt + 2 (n.Z.)
Formatvorlage Überschrift 3 zuweisen	Alt + 3 (n.Z.)

3.12 Inhaltsverzeichnis, Fußnoten und Kopfzeilen

Dialogfenster Eintrag für Inhaltsverzeichnis festlegen öffnen	Alt + ⇧ + O
Dialogfenster Zitat markieren öffnen	Alt + ⇧ + I
Dialogfenster Indexeintrag festlegen öffnen	Alt + ⇧ + X
Einfügen einer Fußnote	Alt + Strg + F
Einfügen einer Endnote	Alt + Strg + D
Kopf- oder Fußzeile wieder mit der Kopf- oder Fußzeile des vorherigen Abschnitts verknüpfen	Alt + ⇧ + Z

3.13 In der Gliederungsansicht arbeiten

Einblenden von Text unter der Überschrift	Alt + ⇧ + +
Ausblenden von Text unter der Überschrift	Alt + ⇧ + -
Ein- / Ausblenden aller Überschriften	Alt + ⇧ + A
Anzeigen aller Überschriften mit Formatvorlage Überschrift ? (? steht für die Nummer der Formatvorlage)	Alt + ⇧ + ?

3.14 Suchen und Ersetzen

Öffnen des Aufgabenbereichs Navigation (zum Suchen im Dokument)	Strg + F
Öffnen der Liste mit Navigationsoptionen O10	Alt + Strg + Pos 1
Ersetzen im Dialogfenster Suchen und Ersetzen	Strg + H
Gehen zu im Dialogfenster Suchen und Ersetzen (Seite, Fußnote, Textmarke, Kommentar, Grafik, Tabelle etc. suchen)	Strg + G
Wiederholen des Suchvorgangs	Alt + Strg + Y
Wiederholen von Suchen oder Gehe zu	⇧ + F4

3.15 Überprüfen

Kommentar einfügen	Strg + Alt + K
Nachverfolgung: Überarbeitungsmodus aktivieren / deaktivieren	Strg + ⇧ + E
Auswählen nächstes Feld	F11
Auswählen vorheriges Feld	⇧ + F11
Öffnen des Dialogfeldes Wörter zählen	Strg + ⇧ + I

3.16 Arbeiten mit Feldern

Das aktuelle bzw. markierte Feld aktualisieren	F9
Umschalten zwischen der Anzeige der Feldfunktion und dem Feldergebnis (Alle Felder)	Alt + F9
Umschalten zwischen der Anzeige der Feldfunktion und dem Feldergebnis (Aktuelles Feld)	⇧ + F9

Feld einfügen (Nur die geschweiften Klammern)	Strg + F9
Feldfunktion durch das Ergebnis ersetzen, das Feld wird in normalen Text umgewandelt	⇧ + Strg + F9
Feld sperren, keine Aktualisierung möglich	Strg + F11
Sperre wieder aufheben	⇧ + Strg + F11

3.17 Übersicht Funktionstasten

Öffnen der Word-Hilfe	F1
Einmaliges verschieben von Text oder Grafik (z.B. ein Wort markieren, F2 drücken, Cursor an gewünschter Stelle setzen, Enter drücken. Das ursprünglich markierte Wort wird dann dorthin kopiert)	F2
Wiederholen des vorhergehenden Vorgangs	F4
Auswählen des Befehls Gehe zu	F5
KeyTips anzeigen	F6
Rechtschreibprüfung	F7
Erweitern der Markierung	F8
Aktualisieren der ausgewählten Felder	F9
Anzeigen der Zugriffstasteninfos im Menüband	F10
Wechseln zum nächsten Feld	F11
Befehl Speichern unter	F12

3.18 Kombinationen von Alt + Funktionstaste

Wechseln zum nächsten Feld	Alt + F1
Schließen von Word	Alt + F4
Ursprüngliche Größe des Programmfenstern wiederherstellen	Alt + F5
Zurückwechseln von einem Dialogfeld zum Dokument (nicht alle Dialogfelder lassen dies zu)	Alt + F6
Suche nach dem nächsten Grammatik- oder Rechtschreibfehler	Alt + F7
Ausführen eines Makros (Dialogfeld Makros öffnen)	Alt + F8
Wechsel zwischen der Anzeige von Feldfunktion und dem Ergebnis im Dokument	Alt + F9
Aufgabenbereich Auswahl und Sichtbarkeit anzeigen	Alt + F10
Öffnen des Visual Basic Editor	Alt + F11

3.19 Kombinationen von Strg + Funktionstaste

Menüband ein-/ausblenden	Strg + F1
Menü Drucken öffnen	Strg + F2
Ausschneiden einer Sammlung ohne Zwischenablage	Strg + F3
Schließen eines Fensters	Strg + F4
Wechseln zum nächsten Fenster	Strg + F6
Einfügen eines Feldes (leer)	Strg + F9
Wiederherstellen / Maximieren eines Fensters	Strg + F10
Sperre des Feldes	Strg + F11
Befehl Öffnen	Strg + F12

3.20 Kombinationen von Umschalt + Funktionstaste

Menü Formatierung anzeigen	⇧ + F1
Kopieren eines Texts	⇧ + F2
Änderung der Groß- und Kleinschreibung von Buchstaben	⇧ + F3
Wiederholung der Befehle Suchen oder Gehe zu (nur anwendbar nach bereits erfolgter Suche)	⇧ + F4
Anzeigen der letzten Änderung	⇧ + F5
Anzeige von Recherche mit dem Thesaurus	⇧ + F7
Verkleinern der Auswahl	⇧ + F8
Wechsel zwischen Anzeige der Feldfunktion und dessen Ergebnis	⇧ + F9
Kontextmenü	⇧ + F10
Wechsel zum vorherigen Feld	⇧ + F11
Befehl Speichern	⇧ + F12

3.21 Kombinationen Alt + Umschalt + Funktionstaste

Vorheriges Feld	Alt + ⇧ + F1
Befehl Speichern	Alt + ⇧ + F2
Dialogfeld Ausgewählten Text übersetzen öffnen (Text muss markiert sein)	Alt + ⇧ + F7
Anzeigen eines Menüs oder Meldung für eine verfügbare Aktion	Alt + ⇧ + F10

Notizen

4 Microsoft Excel

4.1 Allgemein

Aktion	Tastenkombination
Kopieren des markierten Textes oder Objekts	Strg + C
Ausschneiden des markierten Textes oder Objekts	Strg + X
Einfügen aus Zwischenablage (Text oder Objekt)	Strg + V
Rückgängigmachen der letzten Aktion	Strg + Z
Wiederholen der letzten Aktion	Strg + Y
Menü des aktuellen Kombinationsfeldes öffnen (statt Klick auf Dropdown-Pfeil)	Alt + ↓
Auswahl aus Menü	↓ / ↑
Auswahl übernehmen	↵
Eine Bildschirmseite nach oben bzw. unten	Bild↑ bzw. Bild↓
Eine Bildschirmseite nach rechts bzw. links	Alt + Bild↓ bzw. Bild↑
Wechseln zwischen deutschem und US-Tastaturlayout (nur wenn die Sprache installiert wurde)	Alt + ⇧
Wiederholen des letzten Arbeitsschrittes (Nicht bei Formeleingabe und -bearbeitung!)	F4
Wechsel zwischen Arbeitsblatt, Menüband, Aufgabenbereich und Statusleiste	F6
Wechsel zwischen Arbeitsblatt, Menüband, Aufgabenbereich und Statusleiste (in umgekehrter Reihenfolge)	Alt + F6
Erweitern oder Reduzieren des Menübands	Strg + F1
Kontextmenü zur markierten Zelle anzeigen	⇧ + F10

Tastenkombinationen 47

4.2 Arbeitsmappen verwalten

Neue Arbeitsmappe	[Strg] + [N]
Arbeitsmappe öffnen	[Strg] + [O]
Arbeitsmappe speichern	[Strg] + [S]
Arbeitsmappe schließen	[Strg] + [W] oder [Strg] + [F4]
Dokument drucken (Dialogfenster *Drucken*)	[Strg] + [P]
Seitenansicht bzw. Druckvorschau (2003)	[Strg] + [F2]
Anwendung beenden / Fenster schließen	[Alt] + [F4]
Fenster maximieren bzw. Wiederherstellen der vorherigen Größe	[Strg] + [F10]

4.3 Daten eingeben

Eingabe in Zelle abschließen und Zelle unterhalb markieren	[↵]
Eingabe in Zelle abschließen und Zelle oberhalb markieren	[⇧] + [↵]
Eingabe in Zelle abschließen und Zelle rechts markieren	[⇥]
Eingabe in Zelle abschließen und Zelle links markieren	[⇧] + [⇥]
Eingabe in Zelle abbrechen	[Esc]
Eingabe in den gesamten markierten Zellbereich übernehmen (Achtung - zuvor markieren!)	[Strg] + [↵]
Markierte Zelle bearbeiten (Bearbeiten-Modus: Cursor erscheint in der Zelle)	[F2]
Bearbeiten-Modus: Cursor an den Anfang	[Pos 1]

Bearbeiten-Modus: Cursor an das Ende	`Ende`
Löschen eines Zeichens links von Cursor oder des gesamten Zelleninhaltes (wenn markiert)	`⌫`
Löschen eines Zeichens rechts vom Cursor oder des Zelleninhaltes (wenn markiert)	`Entf`
Löschen von Zeichen zwischen Cursor bis zum Ende des Eintrags	`Strg` + `Entf`
Neue Zeile in Zelle beginnen	`Alt` + `↵`
Aktuelles Datum einfügen	`Strg` + `.`
Aktuelle Uhrzeit einfügen	`Strg` + `⇧` + `.`
Hyperlink einfügen	`Strg` + `K`
Zellinhalt aus der darüber liegenden Zelle kopieren	`Strg` + `⇧` + `.`
Unten ausfüllen (Format und Inhalt der ersten Zelle des markierten Bereichs in die darunterliegenden Zellen kopieren)	`Strg` + `U`
Rechts ausfüllen (Format und Inhalt der ersten Zelle des markierten Bereichs in die angrenzenden Zellen rechts kopieren)	`Strg` + `R`
¼ eingeben	`Alt` + 0188 (Ziffernblock)
½ eingeben	`Alt` + 0189 (Ziffernblock)
¾ eingeben	`Alt` + 0190 (Ziffernblock)
± eingeben	`Alt` + 0177 (Ziffernblock)
Ø eingeben	`Alt` + 0216 (Ziffernblock)
€ eingeben	`Alt` + 0128 (Ziffernblock)
£ eingeben	`Alt` + 0163 (Ziffernblock)
¥ eingeben	`Alt` + 0165 (Ziffernblock)

Tastenkombinationen

Dialogfenster *Rechtschreibung* öffnen	[F7]
Dialogfenster *Zellen formatieren* öffnen	[Strg] + [1] (n.Z.)
Dialogfenster *Zellen einfügen* öffnen	[Strg] + [+]
Dialogfenster *Löschen* öffnen	[Strg] + [-]

> **Tipp:** Das aktuelle Datum wird häufig benötigt, Sie fügen es schnell mit [Strg] + [.] in die markierte Zelle ein. Dieses Datum wird im Gegensatz zur Funktion HEUTE() nicht aktualisiert!

4.4 Navigieren im Tabellenblatt

Navigieren zum jeweiligen Rand des Datenbereichs	[Strg] + Pfeiltaste
Durchführung eines Bildlaufs, um die aktive Zelle anzuzeigen	[Strg] + [⇐]
Nach der Eingabe Zelle unterhalb markieren	[↵]
Nach der Eingabe Zelle rechts markieren	[⇥]
Nächste Zelle rechts / links markieren	[→] / [←]
Nächste Zelle oben / unten markieren	[↑] / [↓]
Markierung nach rechts / links erweitern	[⇧] + [→] [⇧] + [←]
Markierung nach oben / unten erweitern	[⇧] + [↑] / [⇧] + [↓]
Erste Zelle in Zeile markieren	[Pos 1]
Erste Zelle im Arbeitsblatt (A1) markieren	[Strg] + [Pos 1]
Letzte Zelle (in zusammenhängendem Tabellenbereich) markieren	[Strg] + [Ende]

Zellen einfügen (Dialogfenster) anzeigen	`Strg` + `+`
Zellen löschen (Dialogfenster) anzeigen	`Strg` + `-`
Neues Arbeitsblatt einfügen	`⇧` + `F11`
Zum nächsten / vorherigen Arbeitsblatt	`Strg` + `Bild ↓`
	`Strg` + `Bild ↑`
Auswahl aktives und nächstes Arbeitsblatt	`⇧` + `Strg` + `Bild ↓`
Auswahl aktives und vorheriges Arbeitsblatt	`⇧` + `Strg` + `Bild ↑`
Das Dialogfenster *Gehe zu* öffnen	`F5`
Suchen im Dialogfenster *Suchen und Ersetzen* öffnen	`Strg` + `F`
Ersetzen im Dialogfenster *Suchen und Ersetzen* öffnen	`Strg` + `H`
Weitersuchen (ohne Dialogfenster *Suchen und Ersetzen*)	`F4`
Aktuelle Spalte ausblenden	`Strg` + `8` (n.Z.)
Aktuelle Spalte einblenden	`Strg` + `⇧` + `8`
Aktuelle Zeile ausblenden	`Strg` + `9` (n.Z.)
Aktuelle Zeile einblenden	`Strg` + `⇧` + `9`
Auswählen nicht gesperrter Zellen in einem geschützen Tabellenblatt	`⇆`
Kontextmenü zur markierten Zelle anzeigen	`⇧` + `F10`

4.5 Markieren

Erste Zelle in Zeile markieren	`Pos 1`
Gesamtes Arbeitsblatt markieren (Wenn eine Zelle innerhalb eines Tabellenbereichs markiert ist, dann 2-mal `Strg` + `A`)	`Strg` + `A`

Aktuelle Spalte des Tabellenblattes markieren	`Strg` + `␣`
Aktuelle Zeile des Tabellenblattes markieren	`⇧` + `␣`
Wenn mehrere Zellen markiert sind: Auswählen der aktiven (ersten) Zelle	`⇧` + `⇐`
Aus- und Einblenden von Objekten	`Strg` + `6` (n.Z.)
Auswählen aller Objekte eines Blattes (wenn ein Objekt markiert ist)	`Strg` + `⇧` + `␣`
Aktivieren/deaktivieren des Erweiterungsmodus	`F8`
Im Erweiterungsmodus: Erweitern um eine Zelle	`⇧` + Pfeiltaste
Im Erweiterungsmodus: Erweitern bis zum Anfang der Zeile (Spalte A)	`⇧` + `Pos 1`
Im Erweiterungsmodus: Erweitern bis zum Anfang des Arbeitsblattes (A1)	`Strg` + `⇧` + `Pos 1`
Im Erweiterungsmodus: Erweitern bis zur letzten nicht leeren Zelle in der gleichen Spalte/Zeile wie die aktive Zelle	`Strg` + `⇧` + Pfeiltaste
Im Erweiterungsmodus: Erweitern bis zur untersten rechten Zelle im Fenster	`Rollen` + `⇧` + `Ende`
Im Erweiterungsmodus: Erweitern bis zur obersten linken Zelle im Fenster	`Rollen` + `⇧` + `Pos 1`
Im Erweiterungsmodus: Erweitern um eine Bildschirmseite nach oben bzw. unten	`⇧` + `Bild ↑` bzw. `Bild ↓`
Im Erweiterungsmodus: Erweitern bis zur letzten verwendeten Zelle des Arbeitsblattes	`Strg` + `⇧` + `Ende`
Im Erweiterungsmodus: Erweitern bis zur letzten Zelle in der aktuellen Zeile	`Ende`

Tipp: Ob Sie sich im Erweiterungsmodus befinden, erkennen Sie am Text *„Auswahl erweitern"* links unten, unterhalb der Blattregister.

4.6 Zusammenhängende Tabellenbereiche

Die markierte Zelle befindet sich innerhalb eines zusammenhängenden Tabellenbereichs!

Tabelle (Liste) erstellen	[Strg] + [L] oder [Strg] + [T]
Erste / letzte Zelle in Zeile	[Strg] + [←] / [→]
Erste / letzte Zelle in Spalte	[Strg] + [↑] / [↓]
Erste / letzte Zelle in Tabelle	[Strg] + [Pos 1] / [Strg] + [Ende]
Zeile markieren (ab Markierung bis zur ersten / letzten nicht leeren Zelle)	[Strg] + [⇧] + [←] [Strg] + [⇧] + [→]
Spalte markieren (ab Markierung bis zur ersten / letzten nicht leeren Zelle)	[Strg] + [⇧] + [↑] [Strg] + [⇧] + [↓]
Gesamte Tabelle markieren	[Strg] + [⇧] + [+] (n.Z.)
AutoFilter ein- und ausschalten	[Strg] + [⇧] + [L]
[1] Ende-Modus aktivieren / deaktivieren	[Ende]
Ende-Modus: Erste / letzte nicht leere Zelle in Spalte auswählen	[↑] / [↓]
Ende-Modus: Erste / letzte nicht leere Zelle in Zeile auswählen	[←] / [→]
Ende-Modus: Spalte ab Markierung bis zur ersten / letzten nicht leeren Zelle markieren	[⇧] + [↑] / [↓]
Ende-Modus: Zeile ab Markierung bis zur ersten / letzten nicht leeren Zelle markieren	[⇧] + [←] / [⇧] + [→]
[2] Ein-/Ausschalten des Rollen-Modus	[Rollen]

Im Rollen-Modus: Fensterausschnitt ein Stück nach oben bzw. unten bewegen	↑ bzw. ↓
Im Rollen-Modus: Fensterausschnitt ein Stück nach links bzw. rechts bewegen	← bzw. →

> **Hinweise:** [1] Ob Sie sich im Ende-Modus befinden, erkennen Sie am Text *„Modus beenden"* links unten, unterhalb der Blattregister.
>
> [2] Ob Sie sich im Rollen-Modus befinden, erkennen Sie am Text *„Rollen"* links unten, unterhalb der Blattregister. Rollen ist auf Notebook-Tastaturen manchmal als *ScrLk* gekennzeichnet.

4.7 Zellen mit bestimmten Eigenschaften auswählen

Die folgenden Tastenkombinationen funktionieren nur in Verbindung mit der Zahlenreihe, nicht aber mit dem Ziffernblock!

Markieren der Matrix mit der aktiven Zelle	Strg + ⇧ + 7
Markieren aller Zellen mit Kommentaren	Strg + ⇧ + O
Markieren aller Zellen, auf die in der aktuellen Formel verwlesen wIrd	Alt + ⇧ + 4
Markieren aller Zellen, auf die in der aktuellen Formel direkt oder indirekt (Formel) verwiesen wird	Alt + ⇧ + 7
Markieren aller Zellen, deren Formel direkt oder indirekt auf die aktuelle Zelle verweist	Alt + ⇧ + 6
Markieren aller Zellen, deren Formel auf die aktuelle Zelle direkt verweist	Alt + ⇧ + 5
In einer markierten Zeile: Auswahl der Zelle(n), deren Inhalt nicht dem Wert der aktiven Zelle dieser Zeile entspricht	Alt + ⇧ + 8
In einer markierten Zeile: Auswahl der Zelle(n), deren Inhalt nicht dem Wert der aktiven Zelle dieser Spalte entspricht	Alt + ⇧ + 9

4.8 Zellinhalte verschieben und kopieren

Kopieren des markierten Textes oder Objekts	Strg + C
Ausschneiden des markierten Textes oder Objekts	Strg + X
Einfügen aus Zwischenablage (Text oder Objekt)	Strg + V
Rückgängigmachen der letzten Aktion	Strg + Z
Wiederholen der letzten Aktion	Strg + Y
Beim Einfügen aus der Zwischenablage das Dialogfenster *Inhalte einfügen* öffnen	Strg + Alt + V

> **Tipp:** Wenn Sie zweimal nacheinander die Tastenkombination Strg + C drücken, wird die Office Zwischenablage geöffnet. Da diese Möglichkeit nicht standardmäßig besteht, müssen Sie sie zuerst aktivieren:
>
> Öffnen Sie die Office-Zwischenablage und klicken Sie auf die Schaltfläche *Optionen*. Aktivieren Sie dann *Office Zwischenablage anzeigen, wenn Strg + C zweimal gedrückt wurde* (Häkchen).

4.9 Zellen formatieren

Dialogfenster *Zellen formatieren* öffnen	Strg + 1 (n.Z.)
Mit 2 Dezimalstellen formatieren (einschl. Tausenderzeichen)	Strg + ⇧ + 1 (n.Z.)
Währungsformat zuweisen	Strg + ⇧ + 4 (n.Z.)
Prozentformat (ohne Dezimalstellen)	Strg + ⇧ + 5 (n.Z.)
Exponentialschreibweise	Strg + ⇧ + 2 (n.Z.)
Standardzahlenformat	Strg + ⇧ + 6 (n.Z.)
Zahl als Datum formatieren	Strg + #

Zahl mit Datum und Uhrzeit formatieren	`Strg` + `^`
Fett	`Strg` + `⇧` + `F`
Kursiv	`Strg` + `⇧` + `K`
Unterstrichen	`Strg` + `⇧` + `U`
Durchgestrichen	`Strg` + `5` (n.Z.)
Äußere Rahmenlinie um markierten Bereich	`Strg` + `⇧` + `-` (Bindestrich)
Alle Rahmenlinien des markierten Bereichs löschen	`Strg` + `⇧` + `<`
Neuen Kommentar einfügen bzw. Kommentar bearbeiten	`⇧` + `F2`

Hinweis: In der Version 2003 lassen sich mit den Tasten `Strg` + `#` im Tabellenblatt die Formeln anstelle der Ergebnisse anzeigen. Seit Excel 2010 müssen Sie dazu die Tasten `Alt` + `M` `O` (nacheinander) verwenden.

4.10 Formeln und Formeleingabe

Beginn einer Formel kennzeichnen	`⇧` + `0` (Null) Gleichheitszeichen
Dialogfenster *Funktion einfügen* öffnen	`⇧` + `F3`
Formeleingabe abbrechen	`Esc`
Abschließen der Eingabe einer Formel als Matrixformel im markierten Bereich	`Strg` + `⇧` + `↵`
Zwischen relativen, festen (absoluten) und gemischten Zellbezügen wechseln (Cursor befindet sich in der Formel unmittelbar in oder nach einem Zellbezug)	`F4`
Auto-Summenformel eingeben (SUMME-Funktion)	`Alt` + `⇧` + `0` (Null)

Kopieren eines Wertes aus der Zelle über der aktiven Zelle	`Strg` + `⇧` + `,`
Kopieren einer Formel aus der Zelle über der aktiven Zelle	`Strg` + `,`
Namen für Formel, Zelle oder markierten Bereich eingeben (*Namens-Manager* wird geöffnet)	`Strg` + `F3`
Bereichsnamen aus markierten Beschriftungen übernehmen (öffnet das Dialogfenster *Namen aus Auswahl erstellen*)	`Strg` + `⇧` + `F3`
Öffnet das Fenster *Funktionsargumente* (Cursor befindet sich in der Formel unmittelbar hinter dem Funktionsnamen)	`Strg` + `A`
Nach Eingabe des Funktionsnamens Klammern und Funktionsargumente einfügen (Cursor befindet sich in der Formel unmittelbar hinter dem Funktionsnamen)	`Strg` + `⇧` + `A`
Formeln anstelle der Ergebnisse im Tabellenblatt anzeigen	`Alt` + `M` `O` (Tasten nacheinander betätigen!)
Neu berechnen (Gesamte Arbeitsmappe)	`F9`
Neu berechnen (Aktuelles Arbeitsblatt)	`⇧` + `F9`

4.11 Diagramme

Diagramm mit den Daten des markierten Bereichs im Tabellenblatt einfügen	`Alt` + `F1`
Diagramm mit den Daten des markierten Bereichs in einem gesonderten Tabellenblatt einfügen	`F11`
Auswählen des vorherigen bzw. nächsten Diagrammelements	`←` bzw. `→`
Auswählen der vorherigen bzw. nächsten Elementgruppe im Diagramm	`↓` bzw. `↑`

4.12 Sonstige / VBA

Pivot-Tabelle/Verknüpfung aktualisieren	Alt + F5
Tabellenbereich gruppieren (Dialogfenster *Gruppieren*)	Alt + ⇧ + →
Gruppierung aufheben (Dialogfenster *Gruppierung aufheben*)	Alt + ⇧ + ←
Gliederung ein- und ausblenden	Strg + 7
Das Dialogfenster *Makro* öffnen	Alt + F8
VBA-Editor öffnen bzw. zwischen VBA-Editor und Excel Arbeitsmappe wechseln	Alt + F11
Schrittweise Ausführung (VBA-Editor)	F8
Haltepunkt ein/aus (VBA-Editor)	F9
Alle Haltepunkte löschen (VBA-Editor)	Strg + ⇧ + F9
Aktuellen Wert anzeigen (VBA-Editor)	⇧ + F9
Ausführen (VBA-Editor)	F5

Notizen

5 Microsoft PowerPoint

PowerPoint

5.1 Allgemein

Alles markieren	Strg + A
Kopieren	Strg + C
Ausschneiden	Strg + X
Einfügen	Strg + V
Format kopieren	Strg + ⇧ + C
Format einfügen	Strg + ⇧ + V
Nach Kopieren oder Ausschneiden Dialogfenster: Inhalte einfügen aufrufen	Strg + Alt + V
Suchen	Strg + F
Ersetzen	Strg + H
Aktion rückgängig machen	Strg + Z
Aktion wiederholen bzw. wiederherstellen	Strg + Y
Präsentation drucken	Strg + P
Präsentation speichern	Strg + S
Präsentation speichern unter	F12
Kontextmenü anzeigen	⇧ + F10

5.2 Arbeitsoberfläche

PowerPoint-Hilfe aufrufen	F1
Zwischen den Bereichen der Arbeitsoberfläche wechseln	F6
In der Normalansicht: Wechsel zwischen den Fensterbereichen (gegen den Uhrzeigersinn)	⇧ + F6

Rechtschreibprüfung starten	`F7`
Zwischen Normal- und Gliederungsansicht wechseln	`Strg` + `⇧` + `⇆`
Gitternetzlinien ein- bzw. ausblenden	`⇧` + `F9`
Führungslinien ein- bzw. ausblenden	`Alt` + `F9`
Lineal ein- bzw. ausblenden	`⇧` + `Alt` + `F9`
Makros anzeigen	`Alt` + `F8`

5.3 Präsentation erstellen

Neue Präsentation erstellen	`Strg` + `N`
Neue Folie erstellen	`Strg` + `M`
Folie oder markiertes Objekt duplizieren	`Strg` + `D`
Dialogfenster Schriftart aufrufen	`Strg` + `T` `Strg` + `⇧` + `A`
Wechsel von Groß- und Kleinschreibung	`⇧` + `F3`
Schriftgrad vergrößern	`Strg` + `⇧` + `.`
Schriftgrad verkleinern	`Strg` + `⇧` + `,`
Text linksbündig ausrichten	`Strg` + `L`
Text rechtsbündig ausrichten	`Strg` + `R`
Text zentriert ausrichten	`Strg` + `E`
Blocksatz	`Strg` + `J`
Text fett	`Strg` + `⇧` + `F`
Text kursiv	`Strg` + `⇧` + `K`

Text unterstrichen	`Strg` + `U`
Text tiefstellen bzw. hochstellen	`Strg` + `+` bzw. `Strg` + `⇧` + `+`
Alle Formatierungen löschen	`Strg` + `⎵`
Hyperlink einfügen	`Strg` + `K`
Wechsel zum nächsten Titel oder Untertitel (Platzhalter)	`Strg` + `↵`
Um ein Zeichen nach links bzw. rechts	`←` bzw. `→`
Um eine Zeile nach oben bzw. unten	`↑` bzw. `↓`
Wechseln zum Anfang bzw. Ende der Zeile	`Pos 1` bzw. `Ende`
Ein Wort nach links bzw. rechts	`Strg` + `←` bzw. `→`
Ein Absatz nach oben bzw. unten	`Strg` + `↑` bzw. `↓`
Wechsel zum Anfang bzw. Ende des Textfeldes	`Strg` + `Pos 1` bzw. `Ende`

> **Tipp:** Wenn Sie schnell einen Aufzählungspunkt niedriger bzw. höher stufen möchten, verwenden Sie die Taste `⇥` bzw. `⇧` + `⇥`. Wichtig ist, dass der Cursor zwischen Aufzählungszeichen und Text positioniert wird bevor Sie die `⇥`-Taste drücken.

5.4 Tabelle

Wechsel zur nächsten bzw. vorherigen Zeile	`↑` bzw. `↓`
Wechsel zur nächsten bzw. vorherigen Zelle	`⇥` bzw. `⇧` + `⇥`
Neue Zeile am Ende einer Tabelle einfügen (Taste dürcken, wenn die Zelle am Ende erreicht ist)	`⇥`
Tabstopp in Zelle einfügen	`Strg` + `⇥`
Absatz in Zelle einfügen	`↵`

5.5 In der Gliederungsansicht arbeiten

Gliederungsansicht wird in PowerPoint 2016 und 2013 über das Register *Ansicht*, Gruppe *Präsentationsansichten* aufgerufen. In PowerPoint 2010 wechseln Sie links im Navigationsbereich von der Anzeige der Folien auf *Gliederung*.

Verschieben markierter Absätze:	`Alt` + `⇧` +
nach oben	`↑`
nach unten	`↓`
nach links	`←`
nach rechts	`→`
Erweitern bzw. Reduzieren von Text (unterhalb einer Überschrift); nur möglich in der Gliederungsansicht	`Alt` + `⇧` + `+` bzw. `-`
Höher- bzw. tieferstufen eines nummerierten oder aufgezählten Absatzes	`Alt` + `⇧` + `←` bzw. `→`

5.6 Bildschirmpräsentation steuern

Präsentation von Beginn an starten	`F5`
Präsentation ab der aktuellen Folie starten	`⇧` + `F5`
Nächste Folie bzw. Animation	Linke Maustaste oder `↵` oder `→` bzw. `Bild ↓` oder `N` oder `␣`
Vorherige Folie bzw. vorige Animation	`←` bzw. `↑` `Bild ↑` `P` oder `⇐`
Zur nächsten Folie wechseln, falls ausgeblendet	`H`
Wechsel zu einer bestimmten Folie	Foliennummer + `↵`
Dialogfenster: Alle Folien aufrufen	`Strg` + `S`

PowerPoint

Anzeigen einer leeren schwarzen Folie (Mit einer beliebigen Taste wird die Präsentation fortgesetzt)	`B` oder `.`
Anzeigen einer leeren weißen Folie (Mit einer beliebigen Taste wird die Präsentation fortgesetzt)	`W` oder `,`
Zeiger in Stift ändern	`Strg` + `P`
Zeiger in Textmarker ändern	`Strg` + `I`
Zeiger in Pfeil ändern	`Strg` + `A`
Zeiger in Radierer ändern	`Strg` + `E`
Zeiger in Laserpointer ändern	`Strg` + `L`
Freihandmarkierungen ein- bzw. ausblenden	`Strg` + `M`
Zeichnung auf dem Bildschirm löschen	`L`
Taskleiste anzeigen	`Strg` + `T`
Pfeil bei Mausbewegungen ausblenden	`Strg` + `H`
Pfeil bei Mausbewegungen anzeigen	`Strg` + `U`
Wechsel zum nächsten oder ersten Hyperlink auf der Folie	`Tab`
Wechsel zum vorherigen oder letzten Hyperlink auf der Folie	`Alt` + `Tab`
Hyperlink anklicken wie mit Maus (wenn Hyperlink ausgewählt ist)	`↵`
Präsentation beenden	`Esc`

6 Microsoft Outlook

6.1 Zwischen den Outlook-Modulen wechseln

Modul E-Mail anzeigen	Strg + 1
Modul Kalender anzeigen	Strg + 2
Modul Kontakte / Personen anzeigen	Strg + 3
Modul Aufgaben anzeigen	Strg + 4
Modul Notizen anzeigen	Strg + 5
Ordnerliste im Ordnerbereich anzeigen	Strg + 6
Wechsel zu den Verknüpfungen	Strg + 7
Vorherige bzw. nächste Ansicht im Outlook-Hauptfenster	Alt + ← bzw. →

6.2 Erstellen von Elementen

Diese Tastenkombinationen können Sie in jedem Modul verwenden, um eines der folgenden Elemente zu erstellen:

Neue E-Mail	Strg + ⇧ + M
Neuer Termin	Strg + ⇧ + A
Neue Besprechungsanfrage	Strg + ⇧ + Q
Neuer Kontakt	Strg + ⇧ + C
Neue Kontaktgruppe	Strg + ⇧ + L

Neue Aufgabe	Strg + ⇧ + K
Aufgabe erstellen und zuweisen	Strg + Alt + ⇧ + U
Neue Notiz	Strg + ⇧ + N
Neuer Ordner	Strg + ⇧ + E
Neuer Suchordner	Strg + ⇧ + P
Neuer Journaleintrag	Strg + ⇧ + J
Neue Textnachricht (SMS)	Strg + ⇧ + T
Neues Fax	Strg + ⇧ + X

6.3 Allgemeine Befehle

Alles auswählen z. B. im Anzeigebereich alle E-Mails auswählen oder alle Kontakte etc.	Strg + A
Rückgängig	Strg + Z
Wiederholen	Strg + Y
Drucken	Strg + P
Kopieren des markierten Texts oder Elements	Strg + C
Ausschneiden des markierten Texts oder Elements	Strg + X
Einfügen aus der Zwischenablage (Text oder Element)	Strg + V

Outlook

Anwendung / Fenster schließen	[Alt] + [F4]
Bei geöffneter Nachricht: Wechsel zu vorheriger bzw. nächster Nachricht	[Strg] + [,] bzw. [.]
Infoleiste und Befehlmenü (wenn aufrufbar)	[Strg] + [⇧] + [W]
Speichern (nicht im Modul Aufgaben), z. B. eine E-Mail als Entwurf	[Strg] + [S]
Speichern und Schließen (nicht in E-Mails), z. B. Termin-, Kontakt- oder Aufgabenformular	[Alt] + [S]
Kopieren bzw. Verschieben eines Elements	[Strg] + [⇧] + [Y] bzw. [V]
Alle Ordner senden und empfangen	[F9]

6.4 Textformatierung

Die meisten Textformatierungen, die Sie aus den anderen Office-Anwendungen kennen (wie Word), sind auch in Outlook verfügbar, wie zum Beispiel fett, kursiv, unterstrichen. Eine Tabelle finden Sie auf **Seite 33**.

6.5 Befehle zur Suche von Elementen

Wechsel zur Sofortsuche	[Strg] + [E] oder [F3]
Suche löschen	[Esc]
Erweitern der Suche auf alle E-Mail-Elemente, alle Kalenderelemente oder alle Kontaktelemente, je nachdem, in welchem Modul Sie sich befinden	[Strg] + [Alt] + [A]
Verwenden der Erweiterten Suche	[Strg] + [⇧] + [F]

Erstellen eines Suchordners	Strg + ⇧ + P
Suchen im Dialogfeld Suchen und Ersetzen	F4
Gehen zu im Dialogfeld Suchen und Ersetzen	Strg + G
Ersetzen im Dialogfeld Suchen und Ersetzen (Textsymbole oder Formatierungen; im Lesebereich)	Strg + H

6.6 Arbeiten im Modul E-Mail

Adressbuch öffnen	Strg + ⇧ + B
Neue E-Mail erstellen (im Modul E-Mail)	Strg + N
Wechseln zu Posteingang	Strg + ⇧ + I
Wechseln zu Postausgang	Strg + ⇧ + O
Öffnen einer Nachricht im Nachrichtenfenster	Strg + O
E-Mail senden	Alt + S
Antworten auf die markierte Nachricht	Strg + R
Allen Empfängern einer Nachricht eine Antwort senden	Strg + ⇧ + R
Im Lesebereich: Anzeige der vorherigen Nachricht	Alt + ↑
Im Lesebereich: Scrollen nach unten bzw. oben	␣ bzw. ⇧ + ␣
Wechsel zur vorherigen bzw. nächsten Nachricht	↑ bzw. ↓

Reduzieren bzw. erweitern einer Gruppe (in der Liste mit Email-Nachrichten)	→ bzw. ←
Antworten mit Besprechungsanfrage	Strg + Alt + R
Markierte E-Mail weiterleiten	Strg + F
E-Mail als Anlage weiterleiten	Strg + Alt + F
Nachverfolgung: Markierte E-Mail zur Nachverfolgung kennzeichnen	Strg + ⇧ + G
E-Mail als gelesen markieren	Strg + Q
E-Mail als ungelesen markieren	Strg + U
Suche nach neuen E-Mails (auf dem E-Mail-Server)	Strg + M
Namen überprüfen in den Feldern An, Cc, Bcc*	Strg + K
Aufheben der Spam-Markierung für eine E-Mail	Strg + Alt + J
Zuweisen Formatvorlage Standard	Strg + ⇧ + N
In einer Nachricht: Anzeigen von externen gesperrten Inhalt	Strg + ⇧ + I
Markierte Auswahl fett formatieren*	Strg + ⇧ + F
Markierte Auswahl kursiv formatieren*	Strg + ⇧ + K
Markierte Auswahl unterstreichen*	Strg + ⇧ + U
Rechtschreibprüfung*	F7
Direktkennzeichnung zu einer ungeöffneten Nachricht hinzufügen	Einfg

Öffnen der E-Mail-Info (in einer ausgewählten Nachricht)	`Strg` + `⇧` + `W`
Elementeigenschaften anzeigen (wenn ein Element ausgewählt ist)	`Alt` + `↵`

* im Nachrichtenformular

> **Tipp:** QuickSteps fassen Routinearbeitsschritte zusammen und ermöglichen eine schnelle Anwendung mit einem Mausklick. Noch schneller geht's, wenn Sie für den QuickStep eine Tastenkombination festlegen. Die QuickSteps finden Sie im Register *Start*. Einige QuickSteps sind bereits standardmäßig enthalten. Klicken Sie auf QuickSteps verwalten, wählen Sie z. B. den QuickStep *Antworten und löschen* und klicken auf *Bearbeiten*. Im Fenster unten erhalten Sie die Möglichkeit eine Tastenkombination auszuwählen.

6.7 Arbeiten im Modul Kalender

Erstellen eines Termins (im Modul Kalender)	`Strg` + `N`
Erstellen eines Termins	`Strg` + `⇧` + `A`
Erstellen einer Besprechungsanfrage	`Strg` + `⇧` + `Q`
Festlegen einer Serie (für ein geöffnetes Besprechungselement bzw. einen geöffneten Termin)	`Strg` + `G`
Anordnung Kalender: 1 Tag anzeigen	`Alt` + `1`
Anordnung Kalender: 2 Tage anzeigen	`Alt` + `2`
Anordnung Kalender: 3 Tage anzeigen	`Alt` + `3`
Anordnung Kalender: 4 Tage anzeigen	`Alt` + `4`
Anordnung Kalender: 5 Tage anzeigen	`Alt` + `5`

Outlook

Anordnung Kalender: 6 Tage anzeigen	`Alt` + `6`
Anordnung Kalender: 7 Tage anzeigen	`Alt` + `7`
Anordnung Kalender: 8 Tage anzeigen	`Alt` + `8`
Anordnung Kalender: 9 Tage anzeigen	`Alt` + `9`
Anordnung Kalender: 10 Tage anzeigen	`Alt` + `0`
Bestimmtes Datum anzeigen	`Strg` + `G`
Markieren des vorherigen Termins	`⇧` + `⇥`
Wechseln zur Monatsansicht	`Alt` + `⇧` + `0` (Null) oder `Strg` + `Alt` + `4`
Wechseln zum nächsten Tag	`Strg` + `→`
Wechseln zur nächsten Woche	`Alt` + `↓`
Wechseln zum nächsten Monat	`Alt` + `Bild ↓`
Wechseln zum vorherigen Tag	`Strg` + `←`
Wechseln zur vorherigen Woche	`Alt` + `↑`
Wechseln zum vorherigen Monat	`Alt` + `Bild ↑`
Wechseln zum Anfang der Woche	`Alt` + `Pos 1`
Wechseln zum Ende der Woche	`Alt` + `Ende`
Wechseln zur Ansicht volle Woche	`Alt` + `-` oder `Strg` + `Alt` + `3`
Wechseln zur Ansicht Arbeitswoche	`Strg` + `Alt` + `2`
Wechseln zum vorherigen Termin	`Strg` + `,`

Wechseln zum nächsten Termin	[Strg] + [.]
Antworten auf eine Besprechungsanfrage (nur dem Absender antworten)	[Strg] + [R]
Antworten auf eine Besprechungsanfrage (allen Teilnehmern antworten)	[Strg] + [⇧] + [R]
Weiterleiten (Termin oder Besprechung)	[Strg] + [F]
In der Tagesansicht: Markieren der Uhrzeit, zu der der Arbeitstag beginnt bzw. endet	[Pos 1] bzw. [Ende]
Markieren des Zeitraums oben bzw. unten (im Fenster)	[Bild ↑] bzw. [Bild ↓]
Markieren des vorherigen bzw. nächsten Zeitraums	[↑] bzw. [↓]
Markierte Uhrzeit erweitern bzw. reduzieren	[⇧] + [↑] bzw. [↓]
In der Monatsansicht wechseln zu: ersten Tag der Woche	[Pos 1]
gleichen Tag der Woche auf der vorherigen Seite	[Bild ↑]
gleichen Tag der Woche auf der nächsten Seite	[Bild ↓]

6.8 Arbeiten im Modul Kontakte / Personen

Neuer Kontakt (im Modul Kontakte)	[Strg] + [N]
Schließen eines Kontakts	[Esc]
Alle Kontakte auswählen	[Strg] + [A]
Eingeben eines Namens im Feld Kontakt suchen (Register Start, Gruppe Suchen)	[F11]
Weiterleitung markierter Kontakte per E-Mail	[Strg] + [F]

Outlook

Neue Kontaktgruppe	`Strg` + `⇧` + `L`
Aktualisieren einer Liste mit Mitgliedern der Kontaktgruppe	`F5`
Suchen nach einem Kontakt oder Element	`Strg` + `E`
Wechseln zu denjenigen Kontakt, der als erster mit dem verwendeten Buchstaben beginnt (in Tabellen- oder Listenansicht)	`⇧` + Buchstabe
Journaleintrag erstellen (für einen ausgewählten Kontakt)	`Strg` + `J`
Zu einem anderen Ordner wechseln	`Strg` + `Y`
Öffnen des Adressbuchs	`Strg` + `⇧` + `B`
Im Kontaktformular: Sofern hinterlegt wird die E-Mail 1, 2 oder 3 angezeigt.	`Alt` + `⇧` + `1` oder `2` oder `3`

6.9 Arbeiten im Modul Aufgaben

Neue Aufgabe (im Modul Aufgaben)	`Strg` + `N`
Erstellen einer Aufgabenanfrage	`Strg` + `⇧` + `Alt` + `U`
Weiterleiten einer Aufgabe (als Anlage)	`Strg` + `F`
Kennzeichen eines Elements als erledigt	`Einfg`
Einblenden, Minimieren und Ausblenden der Aufgabenleiste	`Alt` + `F2` (mehrmals)
Dialogfeld „Wechseln zu Ordner" öffnen	`Strg` + `Y`

Tastenkombinationen

Öffnen eines markierten Elements als Journaleintrag	`Strg` + `J`
Alle Elemente markieren	`Strg` + `A`
Öffnen eines Elements (markiert)	`Strg` + `O`
Drucken eines Elements (markiert)	`Strg` + `P`
Löschen eines Elements (markiert)	`Strg` + `D`

6.10 Ansicht

Ein Element öffnen	`↵`
Zum Element wechseln, das am unten bzw. oben am Bildschirmrand angezeigt wird	`Bild ↓` oder `Bild ↑`
Alle Elemente markieren	`Strg` + `A`
Aktives Element auswählen oder die Auswahl aufheben	`Strg` + `␣`
Wechseln zum nächsten oder vorherigen Element (ohne Erweiterung des Auswahlbereichs)	`Strg` + `↑` oder `↓`
Auswahlbereich um ein Element erweitern bzw. reduzieren	`⇧` + `↑` bzw. `↓`

Markieren von:
vorherige Gruppe
nächste Gruppe
erste Gruppe
letzte Gruppe
(bei markierter Gruppe in Tabellenansicht)
	`↑`
	`↓`
	`Pos 1`
	`Ende`

Erweitern bzw. Reduzieren einer einzelnen markierten Gruppe	`→` bzw. `←`

6.11 Ansicht Visiten- bzw. Adresskarten

Markieren einer Karte oder Aufheben der Markierung	Strg +
Markieren der ersten bzw. letzten Karte der Liste	Pos 1 bzw. Ende
Markieren der vorherigen bzw. nächsten Karte	↑ bzw. ↓
Markieren der ersten Karte auf der nächsten bzw. aktuellen Seite	Bild ↓ bzw. Bild ↑
Markieren der nächsten Karte (in der nächsten bzw. vorherigen Spalte)	→ bzw. ←
Markierung erweitern auf die erste bzw. letzte Karte der Liste	⇧ + Pos 1 bzw. Ende
Markierung erweitern auf die erste Karte der vorherigen bzw. letzten Seite	⇧ + Bild ↑ bzw. Bild ↓

7 OneNote

7.1 Bearbeiten

Neues Fenster öffnen	Strg + M
Neue Randnotiz (kleines OneNote Fenster)	Strg + ⇧ + M
Aktuelle Seite drucken	Strg + P
Änderungen speichern	Strg + S
Kopieren von Text oder Element	Strg + C
Ausschneiden von Text und Element	Strg + X
Einfügen von Text oder Element (aus der Zwischenablage)	Strg + V
Alle Elemente einer Seite markieren	Strg + A
Letzte Aktion rückgängig	Strg + Z
Letzte Aktion wiederholen	Strg + Y
OneNote Fenster andocken	Strg + Alt + D
Rechtschreibkontrolle	F7
Zeilenumbruch einfügen (ohne einen neuen Absatz zu beginnen)	⇧ + ↵
Kontextmenü einblenden (wenn eine Notiz, oder ein Objekt etc. aktiv ist)	⇧ + F10
Wenn in der Informationsleiste eine Aktion vorgeschlagen wird: diese Aktion ausführen	Strg + ⇧ + W
Thesaurus öffnen (für ein markiertes Wort)	⇧ + F7
Um einen Buchstaben verschieben (nach links bzw. nach rechts)	← bzw. →
Um ein Wort verschieben (nach links bzw. nach rechts)	Strg + ← bzw. →
Cursor zum Zeilenanfang bzw. Zeilenende	Pos 1 bzw. Ende
Löschen eines Zeichens (links bzw. rechts vom Cursor)	⌫ bzw. Entf
Löschen eines Wortes (links bzw. rechts vom Cursor)	Strg + ⌫ bzw. Entf

Tastenkombinationen

Wiedergabe starten (Audio oder Video)	Strg + Alt + P
Vor- bzw. Zurückspulen einer Audio- oder Videoaufzeichnung	Strg + Alt + Y bzw. Strg + Alt + U

7.2 Elemente einfügen

Aktuelles Datum	Alt + ⇧ + D
Aktuelles Datum und Uhrzeit	Alt + ⇧ + F
aktuelle Uhrzeit	Alt + ⇧ + T
Zeilenumbruch	Alt + ↵
Dokument/Datei einfügen (auf die aktuelle Seite)	Alt + I drücken, dann Taste I alleine
Dokument/Datei einfügen (als Ausdruck auf die aktuelle Seite)	Alt + I drücken, dann Taste T alleine
Bild aus einer Datei einfügen	Alt + I drücken, dann Taste M alleine
Bildschirmausschnitt einfügen (dabei muss das OneNote-Symbol rechts außen auf der Taskleiste aktiv sein)	⊞ + S (❽❼) ⊞ + ⇧ + S (❿)
Dokumentenausdrucke ein-/ausblenden (auf aktueller Seite und nur im Modus Hoher Kontrast)	Alt + ⇧ + P
Tabelle erstellen (dabei wird zu dem bereits eingegebenen Text eine 2 Spalte rechts daneben erstellt)	⇥
Einen weiteren Absatz in derselben Zelle erstellen	Alt + ↵
Eine weitere Zeile unter der aktuellen Zeile wird erstellt	Strg + ↵
Eine weitere Zeile wird erstellt (wenn sich der Cursor in der letzten Zeile einer Tabelle befindet)Drücken Sie Eingabe ein weiteres Mal, um die Tabelle fertig zu stellen	↵
Eine weitere Spalte rechts der aktuellen Spalte erstellen	Strg + Alt + R
Entfernen einer leeren Zeile am Ende der Tabelle (Cursor muss in der ersten Zelle dieser Zeile seine)	Entf

7.3 Randnotizen und Seiten

Aktivieren/Deaktivieren der Ganzseitenansicht	`F11`
Zum nächsten Notizencontainer	`Alt` + `↓`
Vergrößern bzw. Verkleinern	`Alt` + `Strg` + `+` bzw. `-`
Cursor hin zum Seitentitel verschieben	`Strg` + `⇧` + `T`
Neue Seite unter dem aktuellen Seitenregister erstellen	`Strg` + `Alt` + `N`
Neue Seite hinzufügen (am Ende des markierten Anschnitts)	`Strg` + `N`
Neue Unterseite erstellen (unter die aktuelle Seite)	`Strg` + `⇧` + `Alt` + `N`
Um ein Zeichen nach links bzw. rechts	`←` bzw. `→`
Zum Zeilenanfang bzw. -ende	`Pos 1` bzw. `Ende`
Zum nächsten bzw. vorherigen Absatz	`Strg` + `↓` bzw. `Strg` + `↑`
Nach oben bzw. unten in der aktuellen Seite	`Bild ↑` bzw. `Bild ↓`
Zum Anfang bzw. Ende der aktuellen Seite	`Strg` + `Pos 1` bzw. `Strg` + `Ende`
Wechsel zur ersten/letzten Seite der aktuellen Gruppe im Seitenregister	`Alt` + `Bild ↑` bzw. `Alt` + `Bild ↓`
Zur zuletzt besuchten Seite bzw. Seite, die als nächstes besucht werden soll	`Alt` + `←` bzw. `→`
Markierte Seitenregister nach oben bzw. unten verschieben	`Alt` + `⇧` + `↑` bzw. `↓`

7.4 Formatierung und Markierung

Die Formatierungen und Markierungen, die Sie in OneNote verwenden können, entsprechen denen in Word (wie kursiv, fett, Formatvorlagen etc.). Diese können Sie auf Seite 33 nachschlagen. In der folgenden Tabelle werden deshalb nur noch spezielle Kombinationen erwähnt.

Text gelb hervorheben (der vorher markiert wurde)	Strg + ⇧ + H oder Strg + Alt + H
Die Standardformatvorlage für die aktuelle Notiz verwenden	Strg + ⇧ + N
Hilfslinien ein-/ausblenden	Strg + ⇧ + R
Notiz oder Objekt löschen (müssen markiert sein)	Entf

7.5 Gliederung

Vergrößern bzw. Verkleinern des Einzugs (um eine Ebene)	⇥ bzw. ⇧ + ⇥
Bis Ebene 1 anzeigen	Alt + ⇧ + 1
Erweitern bis Ebene 2 bis 9	Alt + ⇧ + 2 bis + 9
Alle Ebenen erweitern	Alt + ⇧ + 0
Gliederung erweitern bzw. reduzieren	Alt + ⇧ + + bzw. Alt + ⇧ + -

7.6 Abschnitte und Notizbücher

Notizbuch öffnen	Strg + O
Zu einem anderen Notizbuch wechseln (auf der Navigationsleiste) Hinweis: Strg + G, danach ↓ bzw. ↑ verwenden, um das Notizbuch zu wechseln; dann Eingabe zum Auswählen drücken	Strg + G
Abschnitt öffnen	Strg + Alt + ⇧ + O
Neuer Abschnitt	Strg + T
Aktuelle Seite verschieben oder kopieren (Dialogfenster öffnet sich)	Strg + Alt + M
Zum nächsten bzw. vorherigen Abschnitt wechseln	Strg + ⇥ bzw. Strg + ⇧ + ⇥
Zur ersten bzw. letzten Seite wechseln (im Abschnitt)	Alt + Pos 1 bzw. Alt + Ende
Zur nächsten bzw. vorherigen Seite wechseln (im Abschnitt)	Strg + Bild ↓ bzw. Strg + Bild ↑
Seitenregister: darauf den Fokus setzen	Strg + Alt + G
Fokus auf den aktuelle Abschnittsregister setzen	Strg + ⇧ + G

7.7 Kategorien

Mit den folgenden Kombinationen können Sie die jeweiligen aufgelisteten Kategorien anwenden und auch entfernen (außer Strg + 0, das nur für das Entfernen verwendet wird).

(Nur für) das Entfernen aller Notizkategorien (aus der markierten Notiz)	Strg + 0
Kategorie Aufgaben	Strg + 1
Kategorie Wichtig	Strg + 2

Tastenkombinationen

Kategorie Frage	`Strg` + `3`
Kategorie Für später vormerken	`Strg` + `4`
Kategorie Definition	`Strg` + `5`
Benutzerdefinierte Kategorie	`Strg` + `6` bis `Strg` + `9`

7.8 Suchen

Aktuelle Seite durchsuchen	`Strg` + `F`
Alle Notizen durchsuchen	`Strg` + `E`
Suche beenden	`Esc`
Suchergebnisbereich öffnen (nach dem Suchvorgang)	`Alt` + `O`
Wechsel zum vorherigen bzw. nächsten Ergebnis (wenn die aktuelle Seite durchsucht wird)	`F3` bzw. `⇧` + `F3`
Vorschau des nächsten Ergebnisses anzeigen (wenn alle Notizbücher durchsucht werden)	`↓`
Zum ausgewählten Ergebnis wechseln (wenn alle Notizbücher durchsucht werden) und beenden der Suche	`↵`

7.9 Freigeben

Sie können Ihre Notizen auch für andere Benutzer oder Programme freigeben.

Aus der aktuellen Notiz eine Outlook Aufgabe erstellen:	`Strg` + `⇧` +
Aufgabe Typ *Kein Datum*	`5`
Aufgabe Typ *Heute*	`1`
Aufgabe Typ *Morgen*	`2`
Aufgabe Typ *Diese Woche*	`3`
Aufgabe Typ *Nächste Woche*	`4`
Ausgewählte Outlook-Aufgabe öffnen	`Strg` + `⇧` + `K`
Ausgewählte Outlook-Aufgabe löschen	`Strg` + `⇧` + `0`

Ausgewählte Outlook-Aufgabe als erledigt markieren	Strg + ⇧ + 9
Ausgewählte Seiten als Email versenden	Strg + ⇧ + E
Aktuelle Seite als ungelesen markieren	Strg + Q
Änderungen in allen freigegebenen Notizbüchern synchronisieren	F9
Änderungen im aktuellen freigegebenen Notizbuch synchronisieren	⇧ + F9

8 Windows Standard-Apps

- WordPad
- Rechner
- Paint
- MediaPlayer
- Microsoft Edge

8.1 Word Pad

Allgemein

Erstellen eines neuen Dokuments	Strg + N
Öffnen eines vorhandenen Dokuments	Strg + O
Speichern von Änderungen	Strg + S
Drucken eines Dokuments	Strg + P
Schließen	Alt + F4
Auswählen des ganzen Dokuments	Strg + A
Ausschneiden einer Auswahl	Strg + X
Kopieren der Auswahl in die Zwischenablage	Strg + C
Einfügen der Auswahl aus der Zwischenablage	Strg + V
Letzte Aktion rückgängig	Strg + Z
Wiederholen der Änderung	Strg + Y

Formatierungen

Ausgewählter Text wird fett	Strg + B
Ausgewählter Text wird kursiv	Strg + I
Ausgewählter Text wird unterstrichen	Strg + U
Ausgewählter Text wird tiefgestellt	Strg + +
Ausgewählter Text wird hochgestellt	Strg + ⇧ + +
Text wird linksbündig ausgerichtet	Strg + L
Text wird zentriert	Strg + E
Text wird rechtsbündig ausgerichtet	Strg + R

Text wird als Blocksatz ausgerichtet	Strg + J
Zeilenabstand eine Zeile	Strg + 1
Zeilenabstand zwei Zeilen	Strg + 2
Zeilenabstand 1,5	Strg + 5
Alle Zeichen werden groß geschrieben	Strg + ⇧ + A
Ändern der Aufzählungszeichen	Strg + ⇧ + L
Cursor um ein Wort nach links bewegen	Strg + ←
Cursor um ein Wort nach rechts bewegen	Strg + →
Cursor um ein Zeile nach oben	Strg + ↑
Cursor um ein Zeile nach unten	Strg + ↓
Zum Dokumentanfang	Strg + Pos 1
Zum Dokumentende	Strg + Ende
Wechseln um eine Seite nach oben	Strg + Bild ↑
Wechseln um eine Seite nach oben	Strg + Bild ↓
Löschen des nächsten Wortes	Strg + Entf

Sonstige

Öffnen der WordPad-Hilfe	F1
Suchen im Text	Strg + F
Einfügen einer Paint-Zeichnung	Strg + D
Ersetzen von Text	Strg + H
Anzeigen von KeyTips	F10
Anzeigen des aktuellen Kontextmenüs	⇧ + F10

8.2 Rechner

Allgemein	
Standardmodus	`Alt` + `1`
Wissenschaftlicher Modus	`Alt` + `2`
Programmiermodus	`Alt` + `3`
Statistikmodus ❽ ❼	`Alt` + `4`
Öffnen der Einheitenumrechnung ❽ ❼	`Strg` + `U`
Ein-/Ausschalten des Berechnungsverlaufs	`Strg` + `H`
Öffnen der Datumsberechnungen ❽ ❼	`Strg` + `E`
Berechnen/Lösen von Datumsberechnungen und Arbeitsblättern ❽ ❼	`Alt` + `C`
Öffnen der Rechner-Hilfe	`F1`

Schaltflächen	
Verwenden der Schaltfläche M-	`Strg` + `Q`
Verwenden der Schaltfläche M+	`Strg` + `P`
Verwenden der Schaltfläche MS	`Strg` + `M`
Verwenden der Schaltfläche MR	`Strg` + `R`
Verwenden der Schaltfläche MC	`Strg` + `L`
Verwenden der Schaltfläche %	`⇧` + `5`
Verwenden der Schaltfläche +/-	`F9`
Verwenden der Schaltfläche / (geteilt)	`⇧` + `7`
Verwenden der Schaltfläche * (mal)	`⇧` + `+`

Tastenkombinationen

Verwenden der Schaltfläche +	[+]
Verwenden der Schaltfläche -	[-]
Verwenden der Schaltfläche 1/x	[R]
Verwenden der Wurzelschaltfläche	[AltGr] + [Q]
Verwenden der Zahlenschaltflächen (0-9)	[0]-[9]
Verwenden der Schaltfläche =	[⇧] + [0] Null
Verwenden der Schaltfläche , (Dezimaltrennzeichen)	[,]
Verwenden der Schaltfläche für die Rücktaste	[⇐]
Verwenden der Schaltfläche C	[Esc]
Verwenden der Schaltfläche CE	[Entf]

Berechnungsverlauf

Einblenden des Berechnungsverlaufs	[Strg] + [H]
Löschen des Berechnungsverlaufs	[Strg] + [⇧] + [D]
Navigation nach unten im Berechnungsverlauf	[↓]
Navigation nach oben im Berechnungsverlauf	[↑]
Abbrechen der Bearbeitung des Berechnungsverlaufs	[Esc]
Neuberechnen des Berechnungsverlaufs nach der Bearbeitung	[↵]

Im wissenschaftlichen Modus

Auswählen von Deg	[F3]
Auswählen von Rad	[F4]
Auswählen von Grad	[F5]
Verwenden der Schaltfläche Inv ❽ ❼	[I]
Verwenden der Schaltfläche Mod ❽ ❼	[D]
Verwenden der Schaltfläche sinh	[Strg] + [S]
Verwenden der Schaltfläche cosh	[Strg] + [O]
Verwenden der Schaltfläche tanh	[Strg] + [T]
Verwenden der Schaltfläche (	[⇧] + [8]
Verwenden der Schaltfläche)	[⇧] + [9]
Verwenden der Schaltfläche ln	[N]
Verwenden der Schaltfläche Int ❽ ❼	[⇧] + [,]
Verwenden der Schaltfläche sin	[S]
Verwenden der Schaltfläche cos	[O]
Verwenden der Schaltfläche tan	[T]
Verwenden der Schaltfläche dms	[M]
Verwenden der Pi-Schaltfläche	[P]
Verwenden der Schaltfläche F-E	[V]
Verwenden der Schaltfläche Exp	[X]
Verwenden der Schaltfläche x^2	[Q]
Verwenden der Schaltfläche x^y	[Y]

Verwenden der Schaltfläche x^3	`#`
Verwenden der Schaltfläche log	`L`
Verwenden der Schaltfläche n!	`⇧` + `1`
Verwenden der Schaltfläche y√x	`Strg` + `Y`
Verwenden der Schaltfläche 3√x ❽ ❼	`Strg` + `B`
Verwenden der Schaltfläche 10x	`Strg` + `G`

Im Programmiermodus

Auswählen von Hex	`F5`
Auswählen von Dez	`F6`
Auswählen von Okt	`F7`
Auswählen von Bin	`F8`
Auswählen von Qword	`F12`
Auswählen von Dword	`F2`
Auswählen von Word	`F3`
Auswählen von Byte	`F4`
Verwenden der Schaltfläche RoR	`K`
Verwenden der Schaltfläche RoL	`J`
Verwenden der Schaltfläche Lsh	`<`
Verwenden der Schaltfläche Rsh	`⇧` + `<`
Verwenden der Schaltfläche Mod	`⇧` + `5`
Verwenden der Schaltfläche (	`⇧` + `8`

Windows Standardapps

Verwenden der Schaltfläche)	⇧ + 9
Verwenden der Schaltfläche Or	AltGr + <
Verwenden der Schaltfläche Xor	^
Verwenden der Schaltfläche Not	AltGr + +
Verwenden der Schaltfläche And	⇧ + 6
Umschalten des Bitwerts im Programmiermodus	␣
Verwenden der Schaltflächen A-F (vorher: Auswahl von Hex)	A - F

Im Statistikmodus

Verwenden der Mittelwertschaltfläche ❽ ❼	A
Verwenden der Schaltfläche für den Mittelwert der Quadrate ❽ ❼	Strg + A
Verwenden der Summenschaltfläche ❽ ❼	S
Verwenden der Schaltfläche für die Summe der Quadrate	Strg + S
Verwenden der Schaltfläche n-1 ❽ ❼	Strg + T
Verwenden der Schaltfläche n ❽ ❼	T
Verwenden der Schaltfläche CAD ❽ ❼	D

8.3 Paint

Bearbeiten

Öffnen eines vorhandenen Bildes	Strg + O
Erstellen eines neuen Bildes	Strg + N
Speichern von Änderungen	Strg + S
Speichern des Bildes als neue Datei	F12
Drucken eines Bildes	Strg + P
Schließen eines Bildes (und des dazugehörigen Fensters in Paint)	Alt + F4
Auswählen des gesamten Bildes	Strg + A
Aufheben einer Auswahl	Esc
Löschen einer Auswahl	Entf
Ausschneiden einer Auswahl	Strg + X
Kopieren einer Auswahl in die Zwischenablage	Strg + C
Einfügen einer Auswahl aus der Zwischenablage	Strg + V
Rückgängigmachen einer Änderung	Strg + Z
Wiederholen einer Änderung	Strg + Y
Verschieben der Auswahl oder aktiven Form nach rechts	→
Verschieben der Auswahl oder aktiven Form nach links	←
Verschieben der Auswahl oder aktiven Form nach oben	↑
Verschieben der Auswahl oder aktiven Form nach unten	↓
Ausgewählter Text wird fett	Strg + B

Windows Standardapps

Ausgewählter Text wird kursiv	`Strg` + `I`
Ausgewählter Text wird unterstrichen	`Strg` + `U`
Vergrößern	`Strg` + `Bild ↑`
Verkleinern	`Strg` + `Bild ↓`
Anzeigen des Bildes in Vollbildmodus	`F11`
Ein- und Ausblenden von Gitternetzlinien	`Strg` + `G`
Ein- und Ausblenden des Lineals	`Strg` + `R`

Sonstige

Öffnen des Dialogfensters Bildeigenschaften	`Strg` + `E`
Öffnen des Dialogfensters Größe ändern / zerren	`Strg` + `W`
Öffnen der Paint-Hilfe	`F1`
Anzeigen von KeyTips	`F10` oder `Alt`
Anzeigen des aktuellen Kontextmenüs	`⇧` + `F10`

8.4 Windows Media Player

Wiedergabe

Anzeige des Dialogfensters öffnen	`Strg` + `O`
Starten/Anhalten einer Wiedergabe	`Strg` + `P`
Beenden einer Wiedergabe	`Strg` + `S`
Wiederholung aktivieren/deaktivieren	`Strg` + `T`

Tastenkombinationen

Wiedergabe einer Mediendatei schließen/beenden	Strg + W
Rücklauf starten/anhalten	Strg + ⇧ + B
Ein-/Ausschalten von Untertiteln (falls vorhanden)	Strg + ⇧ + C
Schneller Vorlauf starten/anhalten	Strg + ⇧ + F
Wiedergabe normale Geschwindigkeit	Strg + ⇧ + N
Wiedergabe schnelle Geschwindigkeit	Strg + ⇧ + G
Wiedergabe langsame Geschwindigkeit	Strg + ⇧ + S
Direkt im Mediaplayer: Lautstärke vergrößern	F9
Lautstärke verringern	F8
Stummschalten	F7
Zufällige Wiedergabe ein-/ausschalten	Strg + H
CD/DVD auswerfen	Strg + J

Ansicht

Ansicht Bibliothek	Strg + 1
Ansicht Design	Strg + 2
Ansicht Aktuelle Wiedergabe	Strg + 3
Videodarstellungsgröße auf 50% ändern	Alt + 1
Videodarstellungsgröße auf 100% ändern	Alt + 2
Videodarstellungsgröße auf 200% ändern	Alt + 3
Ein-/Ausschalten des Vollbildmodus	Alt + ↵
Letzte Ansichten schrittweise vorwärts	Alt + →
Letzte Ansichten schrittweise rückwärts	Alt + ←

Im Detailbereich: Wechsel der Ansicht von Elementen	F4
Albumcover vergrößern	F6
Albumcover verkleinern	⇧ + F6
Einblenden der Menüleiste (in der Player-Bibliothek)	F10
Anzeigen des Kontextmenüs (bei ausgewähltem Element)	⇧ + F10
Bewegen des Cursors in das Suchfeld (Player-Bibliothek) ❼	Strg + E
Ein-/Ausblenden der Menüleiste (Player-Bibliothek)	Strg + M

Wiedergabelisten

Neue Wiedergabeliste erstellen	Strg + N
Hinzufügen zur Wiedergabeliste	Strg + 7 ❼
Vorherige Wiedergabeliste/Wiedergabe	Strg + ←
Nächste Wiedergabeliste/Wiedergabe	Strg + →
Hinzufügen zur Brennliste	Strg + 8 ❼
Hinzufügen zur Synchronisierungsliste	Strg + 9 ❼
Auswählen aller Elemente in der Liste	Strg + A
Vorheriges Element (in Kapitel oder Liste)	Strg + B
Nächstes Element (in Kapitel oder Liste)	Strg + F
Anzeige der Hilfe	F1
Medieninformationen bearbeiten (bei einem ausgewählten Element in der Player-Bibliothek)	F2

8.5 Microsoft Egde

Allgemein

Aktuelle Seite zu den Favoriten oder zur Leseliste hinzufügen	Strg + D
Über die Adressleiste eine Suche starten	Strg + E
Auf der Seite suchen	Strg + F
Verlauf öffnen	Strg + H
Favoriten öffnen	Strg + I
Downloads öffnen	Strg + J
Tab kopieren	Strg + K
Adressleiste auswählen	Strg + L oder F4 oder Alt + D
Neues Fenster öffnen	Strg + N
Aktuelle Seite drucken	Strg + P
Seite aktualisieren	Strg + R oder F5
Neuen Tab öffnen	Strg + T
Aktuellen Tab schließen	Strg + W oder Strg + F4
Neues Fenster für InPrivate Browsing öffnen	Strg + ⇧ + P
Lesemodus aktivieren	Strg + ⇧ + R
Zu Tab-Nummer 1, 2, 3,... wechseln	Strg + 1, 2, 3,...
Rein-Zoomen (um 25%)	Strg + +
Raus-Zoomen (um 25%)	Strg + -

Zoom zurücksetzen	`Strg` + `0` (Null)
Eine Seite zurück	`←` oder `Alt` + `←`
Eine Seite vor	`Alt` + `→`
Laden der Seite abbrechen	`Esc`
Link in neuem Tab öffnen	`Strg` + Anklicken des Links mit der Maus
Zum nächsten Tab springen	`Strg` + `Tab`
Zum vorherigen Tab springen	`Strg` + `⇧` + `Tab`
Link in neuem Tab öffnen und zu diesem Tab springen	`Strg` + `⇧` + Klick
Link in neuem Fenster öffnen	`Alt` + `⇧` + Klick
Geschlossenen Tab wieder öffnen	`Strg` + `⇧` + `T`
Aktuellen Tab in neuem Fenster öffnen	`Strg` + `⇧` + `N`
Link in neuem Tab öffnen	Mittlere Maustaste
Link in neuem Fenster öffnen	`⇧` + mittlere Maustaste

Index

A

Absatz 28, 30, 62
   OneNote...................................... *79, 80*
   PowerPoint.. *63*
Absatzende 35
Absatzformatierung
   entfernen... *35*
Abschnitt
   OneNote.. *82*
Administrator 16
Adressbuch 69, 74
Adresskarte
   markieren *76*
Adresskarten 76
Adressleiste.....................................97
Aero-Flip-3D 17
aktiven Liste 19
Albumcover 96
Änderung
   letzte... *43*
Andockmodus.................................20
Anfang
   nächste und vorherige Seite.............. *28*
Anführungszeichen 38
Arbeitsblatt 46
   einfügen.. *50*
   markieren *49*
   nächstes bzw. vorheriges *50*
Aufgabe
   neue *74*
   Outlook *67*
   weiterleiten.. *74*
Aufgabenanfrage 74
Aufgabenleiste 74
Aufzählungszeichen
   WordPad *87*

Ausführen
   Dialogfeld.. *14*
Auslassungspunkte..........................38
Ausschneiden
   Excel *46*
   OneNote.. *78*
   Outlook *67*
   PowerPoint.. *60*
   Text und Objekt *26*
   Word.. *32*
Auswahl
   verkleinern *32*
Auto-Summenformel........................55

B

Bearbeiten-Modus............................47
Befehlmenü
   Outlook *68*
Berechnungsverlauf.........................88
Besprechungsanfrage 66, 71
   antworten *73*
Bibliothek
   Windows Player................................. *95*
Bild
   drucken... *93*
   einfügen *79*
   erstellen *93*
   öffnen in Paint *93*
   speichern.. *93*
Bildeigenschaften 94
Bildlauf 31, 49
Bildlaufleiste 18
Bildschirmausschnitt
   einfügen *79*
Bildschirmelemente 14
Bildschirmseite 31
   aufwärts und abwärts........................ *28*
   Excel *46*
Bitwert 92
Blocksatz 34, 61
Brennliste 96

C

CD/DVD 95
Computer
 sperren oder wechseln 14
Copyright-Symbol 37

D

Datei
 einfügen 79
Datei-Explorer 18
Datenbereich 49
Daten (Excel) 47
Datum
 bestimmtes anzeigen 72
 Excel 48, 54
 OneNote 79
 Word 35
Datumsberechnung 88
Design
 Windows Player 95
Desktop 14
 anzeigen 17
Desktopsymbole 14
Dezimalstelle 54
Diagramm
 eingebettet 56
 Element 56
Dialogfeld Suchen und Ersetzen
 Ersetzen 27
 Gehen zu 27
 Suchen 27
Dialogfenster 19
Direktkennzeichnung 70
Dokument
 Anfang 28, 31
 drucken 26
 einfügen 79
 Ende 28, 31
 erstellen 30
 neues 26
 öffnen 26, 30

schließen 26
speichern 26
WordPad 86
Downloads 97
Dropdownliste
 auswählen 19
 öffnen 19
 schließen 19
Drucken 42
 Outlook 67
Druckvorschau 36

E

Ebene 81
Egde 97
Einfügemarke 27, 30
 verschieben 28
Einfügen
 Excel 46
 OneNote 78
 Outlook 67
 PowerPoint 60
 Word 32
Eingabesprache 15
Einheitenumrechnung 88
Einzug 35
 hängender 35
Element
 drucken 75
 Elementgruppe 56
 erstellen in Outlook 66
 löschen 75
 öffnen 75
 Outlook 75
Email
 Info öffnen 71
 Suche 70
E-Mail 66
 erstellen 69
 gelesen bzw. ungelesen markieren .. 70
 senden 69
 weiterleiten 70
Entwurfsansicht 36

erleichterte Bedienung 14
Ersetzen
   Outlook 69
   PowerPoint 60
   Word 40
Erweiterungsmodus 31, 51
Exponentialschreibweise 54

F

Farbumkehr 20
Favoriten 97
Fax 67
Feld
   auswählen 40
   leer 42
   sperren 42
Feldfunktion 42, 43
Fenster
   aktualisieren 15
   andocken 78
   Edge 97
   Excel 47
   maximieren 17, 18, 42
   maximieren und wiederherstellen 26
   minimieren 17
   oberer und unterer Rand 28
   öffnen und schließen 18
   OneNote 78
   schließen 26, 68
   vergrößern 17
   verschieben auf anderen Monitor 15
   Word 30
Fenstermenü 16
Fokus 82
Folie 61
   bestimmte 63
   nächste 63
   schwarz 64
   vorherige 63
   weiß 64
Format 60
Formatierung 43
   ausgeblendet 34

   fett 33, 93
   Formatvorlage 70
   hochgestellt 34
   Kapitälchen 33
   kopieren 34
   kursiv 33, 94
   Outlook 68
   PowerPoint 61
   tiefgestellt 34
   unterstreichen 33
   unterstrichen 94
Formatierung WordPad
   fett 86
   hochgestellt 86
   kursiv 86
   tiefgestellt 86
   unterstrichen 86
Formatvorlage 70
   öffnen 39
   Standard 39
   übernehmen 39
   Überschrift 39
Formel
   Zelle 53
Formeleingabe 55
Freihandmarkierung 64
Führungslinien 61
Funktion einfügen 55
Funktionsargumente 56
Funktionsname 56
Funktionstasten
   Word 41
Fußnote 39
Fußzeile 39

G

Ganzseitenansicht 80
Gedankenstrich 37
Gehen zu
   Word 40
Geviertstrich 37
Gitternetzlinien 61

Paint 94
Gliederungsansicht 36, 61
Grafik
   verschieben 41
Großschreibung 33, 61
Gruppe
   reduzieren 70

H

Hilfe 21
   Paint 94
   PowerPoint 60
   Rechner 88
   Windows Player 96
   Word 41
   WordPad 87
Hilfslinie 81
Hochgestellt 34
Hyperlink 35, 64

I

Indexeintrag 39
Infoleiste 68
Inhaltsverzeichnis 39
   Windows-Hilfe 21
InPrivate Browsing 97

J

Journaleintrag 67, 74
   Element öffnen 75

K

Kalender
   Anordnung 71
Kapitälchen 33
Kategorie
   Aufgabe 82
   Definition 83
   Frage 83

Für später vormerken 83
   Wichtig 82
KeyTips 41, 87
   Paint 94
Kleinschreibung 33, 61
Kommentar 40, 53
Kontakt 66
   neuer 73
   schließen 73
   weiterleiten 73
Kontaktgruppe 66, 74
   aktualisieren 74
Kontextmenü 15, 43, 60, 78
Kontrollkästchen 19
Kopieren 16
   Excel 46
   markierter Objekte 26
   OneNote 78
   Outlook 67
   Word 32

L

Laserpointer 64
Lautstärke
   Media Player 95
Leerzeichen
   geschütztes 37
Leseliste 97
Lesemodus 97
Lineal 61
   Paint 94
Link
   einfügen 35
   in neuem Fenster öffnen 98
   in neuen Tab öffnen 98
Löschen 16
   OneNote 78

M

Makros 42, 61
Markensymbol 38

markieren
  gesamtes Dokument 31
Markieren 15
  Erweiterungsmodus 31
  OneNote 78
  Outlook 75
  Textblock 32
Markierung
  erweitern 41
Matrixformel 55
Medieninformationen 96
Medienwiedergabe
  OneNote 79
Menü 14, 15
  Datei 18
  Excel 46
Menüband 42
Menüleiste 18
Microsoft Egde 97
Mittelwertschaltfläche 92
Modul Aufgaben 74
Modul E-Mail 69
Modul Kalender 71
  wechsel zu verschiedenen Ansichten.
  72
Modul Kontakte 73
Monatsansicht 73
  wechseln zu 72

N

Nachricht
  antworten 69
  empfangene 69
  vorherige bzw. nächste 68, 69
Name 73
  prüfen 70
Namens-Manager 56
Navigation
  Navigationsoptionen 40
  öffnen 36
Navigieren 16, 19, 20

Normalansicht 60
Notiz 81
  Outlook 67
Notizbuch 82
  Abschnitt 82
  Abschnitt wechseln 82
  öffnen 82
  synchronisieren 84
  wechseln 82
Notizencontainer 80

O

Objekt
  ein- und ausblenden 51
Office Anwendungen 24
Öffnen 42
Ordner 18
  anzeigen und ausblenden 19
  Outlook 67
Outlook 66
  Ansicht 66
  Aufgabe 83
  Modul 66

P

Paint-Zeichnung
  einfügen 87
Pfeil 64
  ein- und ausblenden 64
Pivot-Tabelle 57
Player-Bibliothek 96
Postausgang 69
Posteingang 69
Präsentation 63
  beenden 64
  erstellen 61
  PowerPoint 60
Programm
  schließen 15
Programmfenster
  Größe 42

Index

Programmiermodus 88, 91
Prozentformat 54

R

Radierer 64
Randnotiz 78
Rechtschreibung 41
   OneNote *78*
   Outlook *70*
   PowerPoint *61*
Registerkarte 19
Rollen-Modus 53
Rückgängig 16
   OneNote *78*
   Outlook *67*
   PowerPoint *60*
   Word *32*
   WordPad *86*
Rückgängigmachen 26, 46
Rücklauf 95

S

Schaltfläche
   ausführen *19*
   auswählen *19*
Schließen
   Word *42*
Schneller Vorlauf 95
Schriftart 33, 61
Schriftgrad 33, 61
Seite
   aktualisieren *97*
   drucken *97*
   laden abbrechen *98*
   OneNote *80, 82*
   vor oder zurück *98*
Seitenansicht 26
Seitenregister 80, 82
Seitentitel 80
Seitenumbruch 35

Seitenzahl 35
Seriendruckfeld 35
Spalte 51, 52
   OneNote *79*
   Word *36*
Spaltenumbruch 35
Spam 70
Speichern 43
   Outlook *68*
   speichern unter *41*
Sprungliste 17
Standardformatvorlage 81
Standardmodus 88
Standardzahlenformat 54
Startmenü 14
Statistikmodus 88, 92
Stumm
   Media Player *95*
Suche 15
   nach Computern *15*
   öffnen *15*
Suchen
   auf Seite suchen *97*
Suchergebnisbereich 83
Suchfeld
   auswählen *18*
Suchordner 67, 69
Summenschaltfläche 92
Symbol 37
   Copyright-Symbol *37*
   Markensymbol *38*
Synchronisierungsliste 96

T

Tab
   Edge *97*
   geschlossenen wieder öffnen *98*
   zum nächsten oder vorherigen springen *98*
Tabelle
   erstellen *52*

markieren 37, 52
  OneNote................................... 79
  teilen 37
Tabellenbereich 52
Tabellenblatt 49
Tab-Nummer 97
Tabstoppzeichen 35
Tagesansicht 73
Taskleiste 64
Taskmanager 14
Tastaturlayout 15, 46
Tasten 25
Termin 66
  erstellen 71
Text
  gelb markieren 81
  übersetzen 43
  verschieben 41
Textausrichtung 34, 61
  WordPad 86
Textfeld 62
Textformatierung
  fett 26
  kursiv 26
  unterstreichen 26
Textmarker 64
Textnachricht (SMS) 67
Thesaurus 43, 78
Tiefgestellt 34
Titel 62

U

Überarbeitungsmodus 40
Überschrift
  ein- bzw. ausblenden 39
Uhrzeit
  Excel 48, 55
  OneNote 79
  Outlook 73
Unterseite 80

Untertitel 62, 95

V

VBA-Editor 57
Verbindungsoptionen 21
Vergrößern
  OneNote 80
  Paint 94
Verkleinern
  OneNote 80
  Paint 94
Verlauf 97
Video
  Größe 95
Visitenkarten 76
Visual Basic Editor 42
Vollbildmodus
  Paint 94
  Windows Player 95

W

Währungsformat 54
Weiterleiten 73
Wiedergab 79
Wiedergabe
  Media Player 94
  zufällige 95
Wiedergabegeschwindigkeit 95
Wiedergabeliste 96
Wiederholen 16, 26, 46
  OneNote 78
  Outlook 67
  Paint 93
  PowerPoint 60
  Word 33
  WordPad 86
Windows Media Player 94
Wissenschaftlicher Modus 88, 90
Wort 30, 33, 62
  löschen 27

Wörter zählen 40

Z

Zehnertastatur 4
Zeichen 28, 30, 33, 62
  ein- bzw. ausblenden *35*
  OneNote *78*
Zeiger 64
Zeile 28, 62
  OneNote *79*
  Word *30, 36*
Zeilenabstand 34
  WordPad *87*
Zeilenanfang 28, 30
Zeilenende 28, 30
Zeilenumbruch 26, 78
Zellbezüge 55
Zelle 47
  Absatz *37*
  einfügen *49, 50*
  löschen *50*
  OneNote *79*
  Word *36*
Zellen formatieren 49
Ziffernblock 4
Zoomen 97
Zugriffstasteninfos 41
Zwischenablage 16
  einfügen aus *26*
  Paint *93*
  WordPad *86*

10-Finger-Tippen in 3 Stunden

10-Finger-Tippen selbst lernen und Zeit sparen!

ISBN: 978-3-8328-00451

Format: 210 x 297 mm

Preis: 39,90 €

Inhalt der Box:

- Lernbuch
- Audio-CDs
- Lernkarten
- verschiedene Rätsel
- Stifte

Werden Sie Ihr eigener Trainer und lernen Sie schnell und unterhaltsam in 3 Stunden mit 10 Fingern zu tippen. Tauchen Sie in eine Welt voller Bilder und Farben ein und erlernen Sie durch abwechslungsreichen Medieneinsatz mit Spaß das Blindschreiben. Nach 3 Stunden finden Sie garantiert jeden Buchstaben auf der Tastatur.